おさえておきたい

「平成の経済」

「令和」経済のトレンドを読む

経済ジャーナリスト
中村宏之
Hiroyuki Nakamura

山川出版社

まえがき

２０１９年5月、日本は平成から令和の時代に入りました。元号が変わっても、社会の仕組みや経済の動きは切れ目無く続いていますが、日本人にとって元号が変わることは、新しい歴史のページが開くという深い意味を持ちます。国民全体にとっての大きな節目であり、人々の気持ちも新しくなるタイミングです。そこで令和に入ったその新鮮な感覚を踏まえて平成の時代を振り返ってみると、また新しい発見があると思います。

平成の時代は混乱と停滞の時代だったとよく評されます。社会人として平成の時代を過ごした者として、確かにそうした側面があることは筆者も感じます。しかし同時に、それだけではなかったとも思います。30年余りの時間の中で、多くの人々はそれぞれの職場で懸命に仕事をし、社会に貢献してきました。そうした活動の中で未来につながる前向きな動きなどもあったはずです。それは日本経済がどんな歩みをしてきたのかあらためて振り返ることからわかってくるのではないかと思います。

筆者は１９９１年（平成３年）に新聞社に入り、平成時代の大半は経済記者として取材してきた時代に重なっています。経済記者を長くやっていますと、読者の方々からは「経済の記事は難しい」とおしかりの声を聞くことが多くありました。一般の読者のみならず、日本経済を日々支えている企業の方からもそうしたご指摘をたびたびいただきました。その多くは「身を置く業界が違えば、知らないことも多くなる。そんな人々のニーズに応える記事を書いて欲しい」というご意見でした。

記者としてわかりやすい記事を書くように日々、教育され、訓練も積んできたつもりでしたが、記事のわかりにくさや取っつきにくい雰囲気が経済を縁遠い存在にしているとしたら、まだまだ自らの努力が足りないのだと反省するにいたりました。

本書は平成の時代に起こった経済の動きで、これだけは押さえておくと、これから歩んでいく令和の時代も理解しやすくなる事象をとりあげ、わかりやすく説明しました。図表やコラム、用語説明なども適宜配置し、読まれる方の助けになるよう心がけました。

本書で取り上げた内容は経済全体の動きのごく一部です。網羅できていない部分も多くありますが、経済のニュースを身近に感じていただけるような内容にしたいと心がけつつ執筆しました。

本書を通じて平成の時代を生き、また令和の時代に活躍する多くの人々に日本経済への関心を寄せていただけると幸いです。

目次

おさえておきたい「平成の経済」
―「令和」経済のトレンドを読む

まえがき

第1章 なぜ日本は「世界に類例のない長期デフレ」なのか 007
―遠因は「バブル経済」、早期に脱却し「成熟社会」に備える

第2章 日銀の「平成」金融政策の歩み 022
―「バブル退治」から「異次元緩和」まで

第3章 金融業界の激動は続く 035
―平成の大再編、令和「デジタライゼーション」の大波

第4章 「平成デビュー」の消費税、今後の行方は？
——日本の財政の問題点を点検する 050

第5章 このままで大丈夫？　日本の「ものづくり」「農業」「経営」
——人口減による内需減少、ＩoＴ社会への対応 064

第6章 質的変化をとげた「貿易立国」日本の実像をチェックする！
——日米貿易摩擦からＴＰＰ、米中貿易戦争まで 079

第7章 「石油依存」から変われるか？　日本のエネルギー事情
——東日本大震災のインパクト　「電力自由化」「脱炭素」はどうなる？ 091

第8章 生活を変える「ＩＴ革命」の荒波はこれからだ！
——「スマホ」がけん引　商売も銀行も「お金」もＩＴ化 105

第9章　「人口減少」「少子高齢化」社会のビジネスと暮らし方
――ネックは労働力不足　あらゆる人が働きやすい社会に　116

第10章　令和日本の立ち位置を確認し、あらたな「売り」を探す
――「課題先進国」のピンチをチャンスに変えるには？　127

平成経済史年表　138

あとがき　141

第1章 なぜ日本は「世界に類例のない長期デフレ」なのか

——遠因は「バブル経済」、早期に脱却し「成熟社会」に備える

平成時代の経済を象徴する出来事は、時代の入り口に発生したバブル経済とその後の崩壊といえます。おそらく日本の経済史を語る上で、特筆すべき現象であり、特別な一時代だったと後世に記憶されるでしょう。

バブル経済とは株価や地価が、その真の実力以上に高騰して高値をつけることです。あたかもお金が泡のように膨らんでいくイメージからそう名付けられました。そのバブル経済は平成時代に突然起きたのではなく、昭和時代の末期にその源流はありました。まずはその経緯を少しおさらいしてみます。

「プラザ合意」を契機に大量の資金が市場へ

折しも１９８０年代前半（昭和55年以降）、日本経済は景気後退局面にあり、景気浮揚のために、日本の中央銀行である日本銀行（以下日銀）は**公定歩合**[①]の引き下げで景気浮揚を図ろうとしていました。その後、85年9月にニューヨークのプラザホテルで開かれた先進５カ国蔵相・中央銀行総裁会議（Ｇ５）で、円相場がドルに対して大幅に切り上げられるいわゆる「プラザ合意」が結ばれ、その後、為替市場では急激な円高が進みました。この円高による不況の影響が懸念されたため、日銀は金融緩和を行い、市場に供給するお金の量（マネーサプライ）を増加させました。こうして87年から88年にかけてお金が大量に市場に出回りつづける環境がもたらされました。

ジャパンマネーが世界を席巻

円高対策としての超金融緩和を背景に、お金は株や土地の投資に向かい、国内の景気は刺激されました。プラザ合意直後の日経平均株価は1万２７００円台でしたが、それが１９８７（昭和62）年1月の年明けには2万円の大台にのりました。株価はその後も上昇をつづけ、89年末、すなわち平成元年の12月末には3万８９１５円のピークをつけました。

バブル期の日本は好景気を謳歌し、経済成長は実質で年率６％以上の高成長を記録する年もありました。ジャパンマネーが世界を席巻したのもこの時期で、欧米の高層ビルや世界の高級リゾートを買収するなど、海外展開も活発になりました。

バブル崩壊から「失われた20年」へ

しかしそうした時間は長くつづきませんでした。１９９０（平成２）年後半から成長が鈍化し始め、株価も下落基調をたどりました。

讀賣新聞
THE YOMIURI SHIMBUN
12月30日
1989年
第40795号

最高値の大納会
東証38,915円

越年 市中のお札37兆円
日銀券積むと 高さ、富士山の185倍

帰省の波ピーク

ハンガリー 大幅援助、

ルーマニア救国評
政権綱領を発表
立法権含む非常大権握る

1989（平成元）年12月30日　読売新聞

地価も下落し、値上がりがつづくといわれた土地神話はあっけなく崩壊しました。まさにバブル経済の崩壊であり、これが戦後日本経済の大きな転換点になりました。バブル崩壊で、土地価格の持続的な上昇を前提に銀行が融資していた多額の資金は返済不能や返済困難に陥って不良債権の山と化し、銀行の経営不安へとつながっていったのです。

政府も矢継ぎ早に経済対策を打ち、道路建設などの公共投資の拡大に取り組んだものの、十分な効果を上げることができませんでした。

バブル崩壊によって日本の経済は長期にわたって低迷し、供給に需要が追いつかず（需要不足）、物価下落が継続するデフレに陥りました。具体的には、国内総生産（ＧＤＰ）が増えず、企業の売り上げが低迷し、利益も減少することで、従業員に支払う給料も下がり、その後もなかなか上昇しない状況になってしまったのです。この結果、社会は活力を失って人々の雇用機会も減り、「失われた20年」といわれるほどの低迷がつづきました。それに追い打ちをかけたのが２００８（平成20）年の[②]**リーマン・ショック**であり、また11年の東日本大震災でした。

今日よりも明日の生活が向上しているはずだと国民の多くが信じて頑張っていた昭和の時代と異なり、平成時代に入ってバブルが崩壊すると、経済社会や人々の意識は大きく変わりました。働いても賃金がなかなか上がらない時代になったのです。さらに「就職氷河期」とか「**ロスト・ジェネレーション**[③]」という言葉が生まれ、世代間の格差が意識された時代でもありました。

バブルの崩壊で企業に余裕がなくなり、独創的な技術開発などにかける投資が停滞したことも見逃せません。日本がかつてのような魅力的な製品を生み出せなくなってきている遠因に、バブル崩壊があることは否定できないでしょう。

さらに頭の痛い問題が人口減少です。日本は先進国のなかでも例を見ないほど少子高齢化が進んでおり、すでに人口減少が始まっています。経済のパイが小さくなり、その中で顧客の取り合いが起きようとしていますが、多くの企業がこうした状況にうまく対処できるかが問われているのです。

先進国に類例のない長期デフレ

日本の1980(昭和55)年代の実質成長率は平均で4%を超えていました。その一方で、90年代の成長率の平均は1％台にすぎません。さらに平成の一時期にはマイナス水準にまで落ち込みました。振り返ると特に80年代後半の成長率が高く、ここが日本経済史上最大のバブルの5年間ということができます。

なぜバブルが起こったのかは、わかりやすく説明すると、地価と株価に代表される資産価格が急激かつ大幅な上昇を見たからです。これらの値上がりによる④**キャピタルゲイン**に支えられた結果、消費や投資が膨らみました。

こうした動きは90年代に入ると反転します。需要は減少し、キャピタルゲインは急激に収縮しました。この事態を政府は財政支出、金融緩和で乗り切ろうとしましたが、その結果、

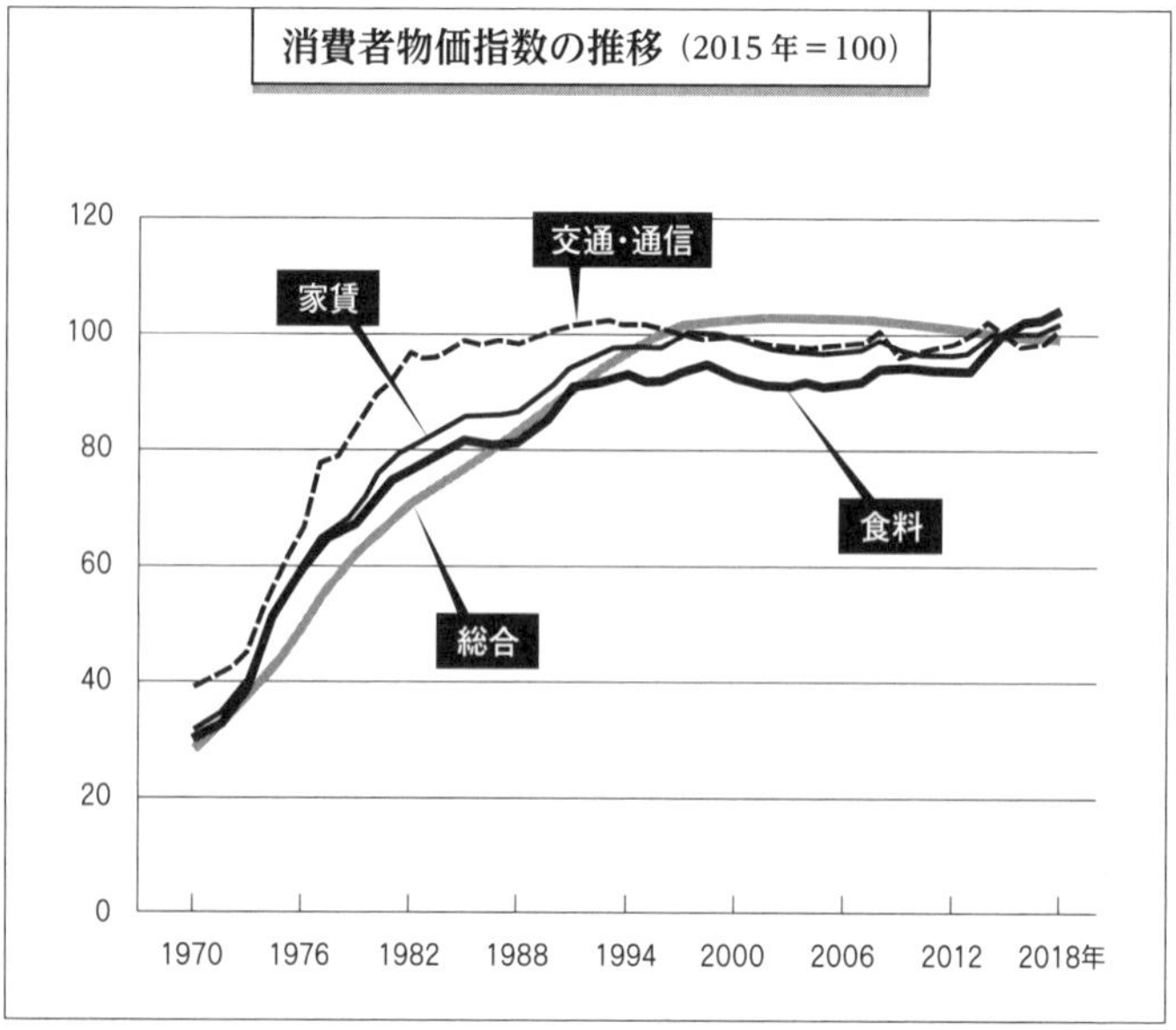

総務省資料より作成

財政の赤字は拡大の一途をたどることになります。経済成長は鈍化し、他の先進国が経験したことのないようなデフレに陥ったのです。日本銀行の黒田東彦総裁は、2016年4月、アメリカ・コロンビア大学の講演で、日本のデフレについて「緩やかだがしつこい」と表現しました。そのデフレから、平成の終わりそして令和に入ってもまだ脱し切れていないのです。

円高進行

一段と大幅な円高が進んだのも平成時代の特徴でした。1990（平成2）年に1ドル＝130円前後～160円前後だった円相場は、95年には一時、79円台をつけました。2008（平成20）年のアメリカの証券会社リーマン・ブラザーズの破綻をきっかけに、世界経済が変調をきたしたとき（リーマン・ショック）

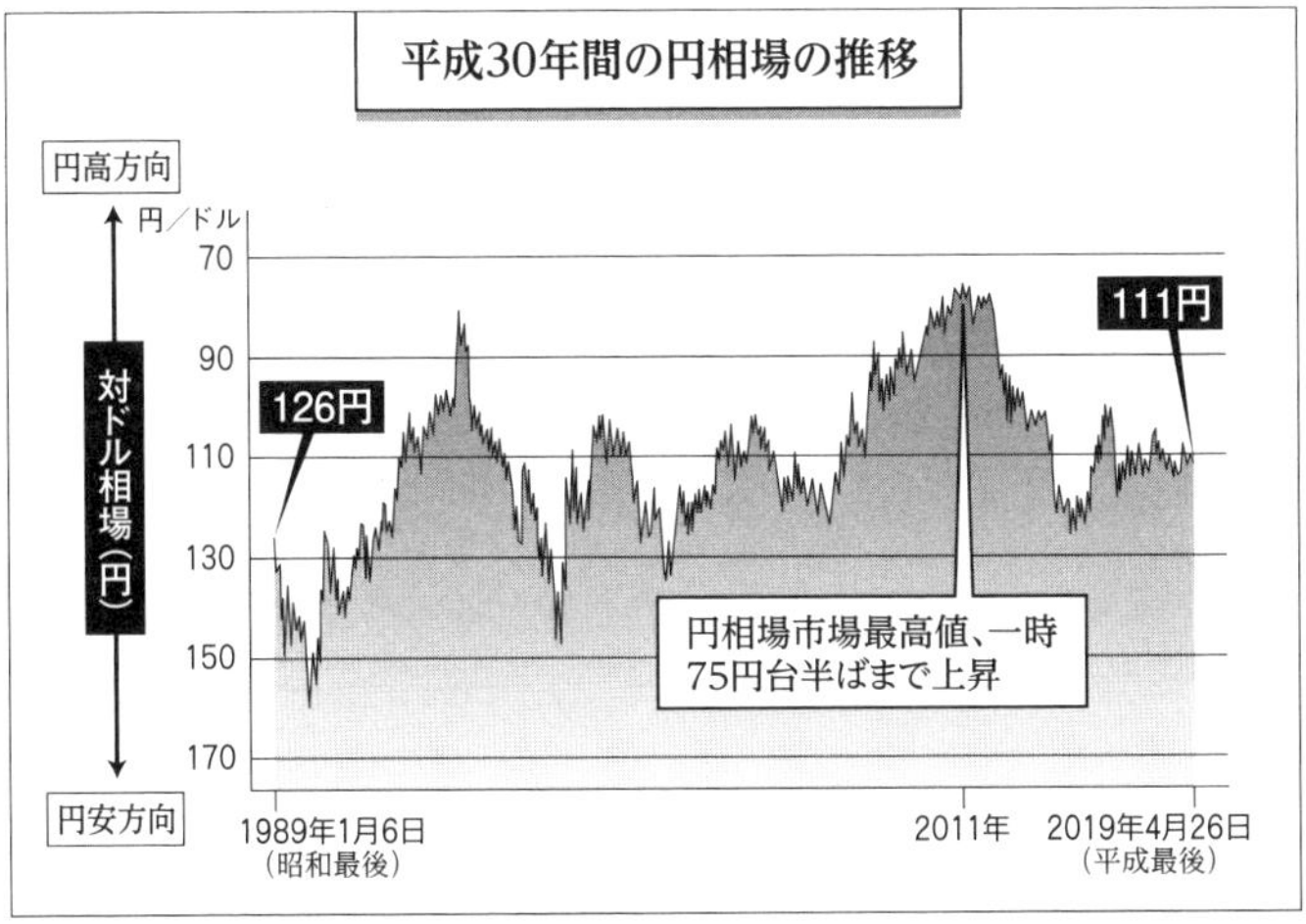

にも、金融市場では比較的安全な通貨とされる円が買われました。さらに東日本大震災が起きた2011（平成23）年には、保険金支払いなどで多額の円が必要になるとの見方から円高が進み、一時75円台に達しました。日本経済は輸出に依存しており、大幅な円高は日本経済を直撃しました。

リーマン・ショック後の円高を受けて政府・日銀は円売り・ドル買いの大規模な市場介入に踏み切りました。さらに、東日本大震災後も、主要国の通貨当局は円売りの協調介入を行いました。これらの目的は主に輸出産業への悪影響や世界の金融市場の不安定化を懸念したものでしたが、企業も過去の苦い円高体験の反省から、生産拠点を海外に移すなどの対策を講じてリスクを回避しています。輸出業者にとっては1ドル＝110円前後がちょうど良い水準といえるでしょう。

成熟社会への移行

バブル崩壊でさんざんな目にあった日本経済ですが、平成の時代を考えるときに忘れてはいけないのが産業構造の変化です。バブル景気を経て日本はおおむね1990（平成2）年代以降、成長社会から成熟社会へ移行したといえます。それまでは高度成長を前提に社会の制度や企業組織、規制や法律などがつくられていました。しかし、低成長時代に移行する過程で、現実の経済活動と諸制度が高度成長期のままだとミスマッチを起こします。変化に十分に対応できていなかったのが平成時代の特徴でした。

高度成長期を支えたのは重厚長大産業でした。具体的には、鉄鋼や重化学工業、造船、機械などの業種です。

それが成熟社会では、一定のインフラや生活に必要なモノは社会にひと通り行き渡り、おおむね充足されるなかで、より便利なもの、快適なもの、楽しいもの、精神的な満足感といった質の高い製品やサービスを求めるという方向に変化します。そうした流れに産業がスムーズに移行したり、転換を図ったりすることが遅れたことは否めません。「日本企業はウォークマンをつくったが、ｉＰｈｏｎｅやｉＰａｄはつくれなかった」とよくいわれますが、まさにそうした魅力ある製品やサービスを開発する環境を生み出せなかったといえます。時代の変化に企業が追いつけず、廃業したり、経営難から外国企業に買収されたりする企業が多く出たことなどはそれを象徴しています。

具体的な成熟社会の特徴やイメージは以下のような変化で表現できるでしょう。

・人口増加から減少、高齢化へのシフト
・高度成長から低成長・安定成長の時代へ
・経常収支の大幅黒字から縮小へ
・終身雇用から労働市場の流動化、多様な働き方を認める時代に

様々な変化が起こってきたなかで、日本経済の対応力は必ずしも十分ではありませんでした。

真価が問われる「アベノミクス」

平成後期の経済政策を語る上で注目すべきなのが「アベノミクス」です。政府の経済政策はバブル崩壊以降、状況変化を的確にとらえられず、後手に回ることが多かったのですが、思い切った手法で経済浮揚に乗り出し

column

デフレってなに？

デフレとは物価が持続的に下落することです。モノの値段が下がると一見よさそうに見えますが、企業の収益は細り、働く人の給料も下がるため、社会全体としては非常に多くの経済的損失を抱えることになります。物価下落が続くと、日本経済は悪循環に陥り、縮小均衡へと向かいつづけます。アベノミクスではデフレ脱却が目標になってきましたが、完全に脱却するまでには至っていません。平成時代の大半はデフレとの闘いに明け暮れた時代だったともいえます。

た点に特徴があります。かつてのアメリカのレーガノミクスやイギリスのサッチャリズムのように日本で首相の名前を冠した経済政策という点でも珍しいといえましょう。2012(平成24)年12月に第2次安倍晋三内閣が発足しました。安倍首相はデフレ経済からの脱却を目標とした経済政策を打ち出しました。「3本の矢」という表現でその経済政策を語っています。

第1の矢は大胆な金融緩和、第2の矢は機動的な財政政策、そして第3の矢は成長戦略です。この3つの政策を総称してアベノミクスと呼んでいます。

まずアベノミクスが注力したのが、第1の矢の大胆な金融緩和です。日本銀行総裁に前アジア開発銀行総裁で元財務官の黒田東彦氏を起用し、金融政策を任せます。黒田氏は「量的・質的金融緩和」を掲げて、大規模な金融緩和に乗り出しました。

デフレ以前の日銀は金利の上げ下げで金融政策を行っていましたが、デフレ経済のなかでゼロ金利がつづいた結果、金利を操作することを通じた金融政策が事実上できなくなっていました。

このため日銀が世の中に直接的に供給するお金の量を調整することで、金利操作と同様の効果を生み出すことをめざしました。

第2の矢である機動的な財政政策は、公共事業を中心とした財政支出の拡大です。小泉純一郎政権以降、公共事業費は抑制がつづき、後の民主党政権でも削減が継続されました。アベノミクスはこうした流れを転換し、「国土強靱化」の名目で公共事業に多額の資金投入を行っているのです。

第3の矢は成長戦略です。しかしこれは即効性がもたらされるというよりも時間がかかる取り組みであり、他の2つの矢に比べて短期的な成果が見えにくいことは否めません。規制緩和と同時進行する必要もあり、難しい側面があるのも確かです。課題は「**岩盤規制**」[5]といわれる既得権益でなかなか崩せない壁をどう打開するかですが、利害関係者も多く、その調整が課題といえます。

アベノミクスの究極の目的はデフレからの脱却です。しかしまだそれは道半ばです。政策の効果もあって、景気は12年12月から拡大が続き、内閣府の有識者による「景気動向指数研究会」は18年12月の会合で高度成長期の「いざなぎ景気」（1965年11月～70年7月）を超えて、戦後2番目の長さになったと認定しました。翌19年1月末には景気拡大の長さが6年2カ月になり、戦後で最も長くなった可能性が高い、との見解を政府が示しました。正式な認定は同研究会が会合を開いてからですが、これまでの戦後最長でリーマン・ショック前までに6年1カ月つづいた「いざなみ景気」（02年2月〜08年2月）を抜いた可能性が高くなっています。しかし、実感をともなわない景気回復という指摘も多く、アベノミクスの真価は今後問われることになりそうです。

平成最後の株価はピークの6割

2019（平成31）年4月26日、東京株式市場は平成時代最後の取引が行われ、終値は2万2258円でした。これは昭和最後となった1989年1月6日の終値の3万0209円から7950円（26％）下落した結果となりました。89年末につけた終値の史上最高値の3万8915円と比べると57％に

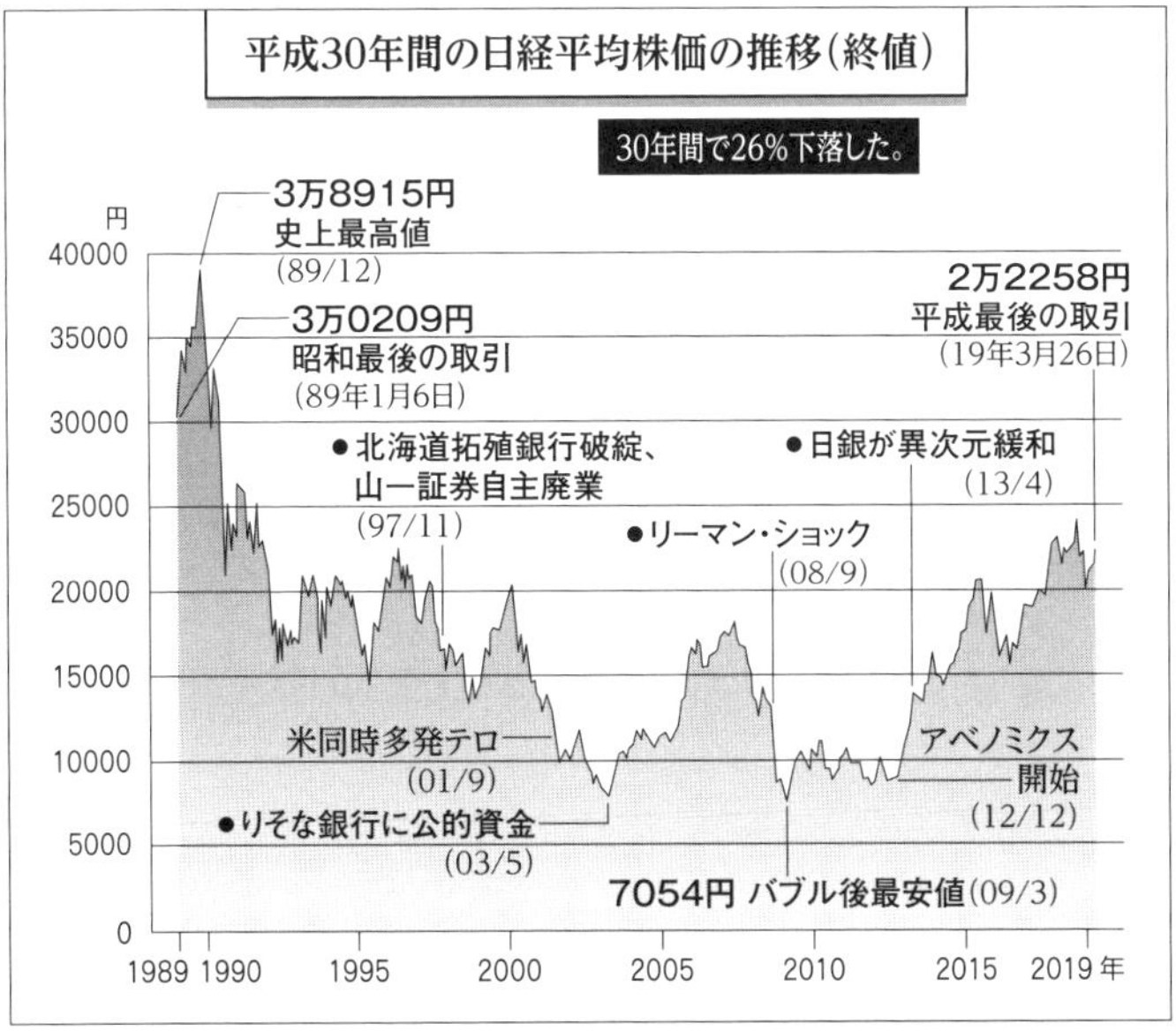

とどまる水準でした。

それでもバブル後最安値である09年10月には取引時間中に一時、6994円をつけ、7000円台を割り込んだことを思えば、よくぞ2万円台まで戻したということもできます。

振り返ると平成の株式相場はバブル崩壊で痛手を受け、長期低落傾向に歯止めがかからない時期が長くつづきました。その後は、アベノミクス効果や好調な米国経済にともなう円安を受けて、18年10月には2万4270円をつけ、27年ぶりの高値水準まで回復していました。

用語解説

①公定歩合

日本銀行が民間の金融機関に資金を貸し出す際の基準金利のこと。かつては金融政策の中心となる代表的な政策金利だった。金利が自由化される以前の規制金利時代には、預金金利などの各種金利が公定歩合に連動していた。このため、公定歩合が変更されるとこれら金利も一斉に変更される仕組みになっており、日銀の金融調整に利用されていた。金利自由化で預金金利との直接的な連動がなくなり、政策金利の役割を終えた。

②リーマン・ショック

2008(平成20)年9月、米大手投資会社リーマン・ブラザーズの経営破綻で引き起こされた世界的な経済危機。震源地となったアメリカ市場のみならず各国の金融市場が混乱し、世界的に景気が冷え込んだ。

③ロスト・ジェネレーション

英語の Lost Generation 由来で、〝失われた世代〟のこと。日本ではバブル崩壊後の約10年間に社会人になった世代を意味する。希望した職業に就けないまま、非正規社員や無職となった人が多く、「氷河期世代」などとも呼ばれている。

④キャピタルゲイン

株式や債券など、保有している資産を売却することによって得られる売買差益のこと。例えば、株価50万円で購入した株式が、55万円になったときに売却した場合、差額5万円(手数料・税金を除く)がキャピタルゲインに相当する。キャピタルゲインは、不動産や金などの貴金属を売買することでも得られる場合がある。

⑤岩盤規制

関係官庁や業界が既得権益維持のために緩和や撤廃に強硬に反対している規制分野のこと。利害関係者の反対によって改革が進まず、社会全体の成長の足かせになっているケースもあり、医療、農業、教育、雇用などの分野に見られる。

第2章 日銀の「平成」金融政策の歩み

――「バブル退治」から「異次元緩和」まで

中央銀行は、金利の上げ下げなどの金融政策を通じ、景気を調整する役目を担っています。景気が悪化すれば、失業者が生まれ、所得は下がるので、早く回復させた方がよいのは当然です。

ただ、景気は過熱してもいけません。物価が高騰すると人々の生活は苦しくなりますし、景気が一転して冷え込むと、経済が拡大することを前提に投資した企業に巨額の借金を残すことになるからです。景気を回復させるには、金利を引き下げて設備投資などの需要を喚起する。そして景気の過熱を抑えるには、金利を引き上げて需要を冷ます、というのが基本です。中央銀行は伝統的に、この2つのバランスに目配りして政策運営をすべきだと考えられてきました。

景気回復に向け金融緩和

バブル経済の崩壊とともに始まった平成経済で、日本の中央銀行である日本銀行にほぼ一貫して求められたのは、このうち前者にあたる景気回復に向けた金融緩和策の実行でした。指標のうえでは景気が回復した時期もかなりありましたが、以前のような力強さはなく、時の政権や与野党の政治家、市場関係者などから日銀の対策が不十分だという批判が高まりました。物価が継続的に下落する現象であるデフレについては、日銀の消極的な金融政策が最大の要因だという主張も出されました。

日銀首脳の頭の片隅には、大きな傷痕を残したバブル経済の再来の懸念が消えず、大胆な政策に躊躇する場面があったのも事実です。遅いという批判を受けつつも、それでも、ゼロ金利政策や量的緩和政策といった前例のない金融政策を打ち出しましたが、効果ははっきりと出ませんでした。2013（平成25）年には日銀の政策を批判してきた元財務省財務官で、前アジア開発銀行総裁の黒田東彦氏が日銀総裁に就任し、「異次元緩和」と呼ばれる金融緩和策を始めましたが、目標に掲げた年2％の物価上

平成の金融政策の推移

	日銀総裁	日銀の主な金融政策など
1989年	澄田・三重野	公定歩合引き上げ　3.75%→4.25%
90年	三重野	2度の公定歩合引き上げ　4.25%→6.00%
91年	三重野	窓口規制の廃止。3度の公定歩合引き下げ　6.00%→4.50%
92年	三重野	2度の公定歩合引き下げ　4.50%→3.25%
93年	三重野	2度の公定歩合引き下げ　3.25%→1.75%
94年	三重野・松下	金利自由化が完了
95年	松下	2度の公定歩合引き下げ　1.75%→0.50% 短期市場金利誘導を重要な金利政策手段と明確に位置付け
96年	松下	預金保険法の一部改正法施行（ペイオフ凍結）
97年	松下	アジア通貨危機。日銀法改正
98年	松下・速水	
99年	速水	無担保コール翌日物金利の誘導目標をゼロとする「ゼロ金利政策」を開始
2000年	速水	ゼロ金利政策を解除
01年	速水	日銀が量的緩和政策を導入。誘導目標を無担保コール翌日物金利から、日銀当座預金残高に変更
02年	速水	追加緩和政策の決定
03年	速水・福井	
04年	福井	
05年	福井	
06年	福井	量的緩和政策を解除。ゼロ金利は継続し、その後解除
07年	福井	
08年	福井・白川	リーマン・ショック。日銀が非伝統的金融政策を導入。翌日物金利の段階的引き下げ
09年	白川	
10年	白川	包括的金融緩和政策を決定。国債や社債、上場投資信託（ETF）などを買い入れる基金を創設
11年	白川	
12年	白川	中長期的な物価安定の目途（当面1%）を導入
13年	白川・黒田	政府・日銀がデフレ脱却と持続的な経済成長実現のため政策連携の共同声明 黒田総裁による量的・質的緩和政策を導入。2%のインフレターゲット
14年	黒田	日銀が追加緩和。資産買い入れ額を拡大
15年	黒田	米FRBがゼロ金利政策を解除し、利上げを発表
16年	黒田	マイナス金利政策を実施。長短金利操作付き量的・質的金融緩和の導入
17年	黒田	
18年	黒田	緩和政策を修正し、一定の長期金利上昇を容認
19年	黒田	

昇を達成するメドはいまだについていません。

バブル退治の光と影

1989（平成元）年12月に日本銀行総裁に就任した三重野康氏が真っ先に取り組んだのが、バブル経済の退治でした。バブル経済による株価の上昇で潤った人たちもいましたが、株式を持たない人にとっての恩恵は限られました。その一方で、地価の高騰により一般的なサラリーマンにとっては、マイホームがとても手の届かない水準まで住宅価格は上昇しました。資産を持つ人と持たない人の格差を広げるものだとして、バブル経済の終わりを求める声は日に日に高まっていたのです。

三重野氏は就任から8カ月間で計3回、日銀が民間の金融機関に貸し出す際の基準金利である公定歩合を年3・75％から年6％に上げました。実際に、地価や株価が大幅に下落するきっかけになり、三重野氏は庶民の味方だと喝采を持って受け止められました。テレビドラマとしても大ヒットした江戸時代の火盗改《かとうあらため》役、長谷川平蔵（鬼平）に見立てられ、「平成の鬼平」とあだ名がついたほどです。

しかし、資産価格の急激な下落は日本経済を大きくむしばみました。多くの企業は土地を担保に銀行から借り入れをしていたので、新たな投資が難しくなり、経済の勢いが鈍りました。影響はそれだけにとどまりません。銀行は融資の返済ができなくなった企業から担保の土地を回収しても、元手には十分に足りません。銀行は自ら抱えた不良債権により、経営体力を落としたため、融資に必要以上に慎重にならざるをえず、これが景気悪化にさらに拍車をかけることになりました。これが銀行の不良債権問題であり、日本経済の重しになったのです。

日銀は、91年7月に公定歩合引き下げに転じました。しかし、世界的な景気後退を受け、既に金融緩和に動いていた主要国からは一歩も二歩も遅れた形となりました。日本経済の低迷がその後長くつづいたことから、三重野氏の政策判断はその元凶となったという厳しい見方もあるほどです。

三重野氏を引き継ぎ、94年12月に日銀総裁に就任した元大蔵事務次官の松下康雄氏も、低金利路線を維持・強化します。95年9月には公定歩合を当時の史上最低の年0・5%まで引き下げましたが、経済の危機はむしろ拡大します。金融機関の経営悪化がいよいよ本格化し、97年には山一証券や北海道拓殖銀行などの金融機関が相次いで破綻する事態を迎えました。しかも時をほぼ同じくして、日銀の幹部職員が民間金融機関から過剰な接待を受けたとして逮捕されるなど、大規模な不祥事が発覚しました。松下氏は98年3月、失意のうちに辞任を余儀なくされ、日銀という組織に対する信用も失墜しました。

日銀への風当たりは政策面、政治面でいっそう厳しさを増していくことになりました。

ゼロ金利、量的緩和、包括緩和……金融政策の限界への挑戦

日銀が始まって以来最大ともいえるピンチの場面で総裁に就いた速水優氏は、さらなる景気刺激策を求める声に応じます。

日銀は、民間の金融機関に貸し出す際の基準金利である公定歩合をもとに、世の中全般の金利を動かそうとしてきました。ただ、金融機関が金利を自由に決められるようになったことで、その政策効果は薄らぎました。このため、1998（平成10）年からは民間銀行同士が資金をやり取りする市場に日銀が参加することで、金利を調節する方針を導入していました。速水氏は99年2月、金融機関同士が無担保で貸し借り

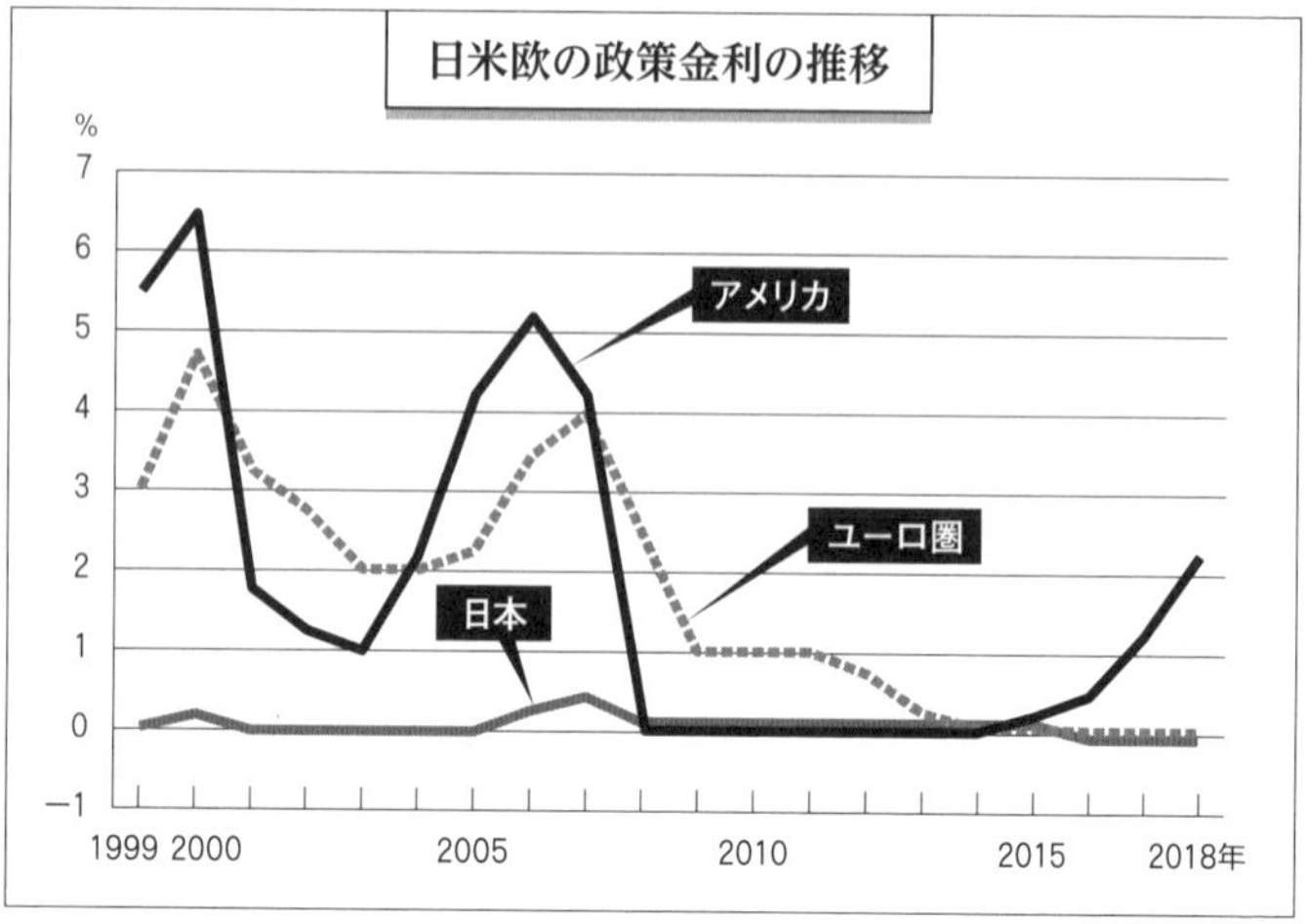

日本銀行資料などから作成

して翌日に返済する**無担保コール翌日物《よくじつもの》金利**⑥をゼロに誘導することをめざす方針を表明したのです。

もともと低い金利がさらに少し下がっただけでどれだけ経済を刺激する効果があるのかはよくわからない面もあります。「金利はゼロより大きい」といったそれまでの常識にこだわらない政策に、世間は驚かされました。

もっとも、速水氏をはじめとする日銀首脳たちの間には、ゼロ金利は非常時の政策であり、できるだけ早くやめるべきだという強い意識がありました。政府の積極的な財政出動やアメリカのＩＴ（情報技術）景気に支えられ、景気が回復する方向に向かったと判断し、２０００（平成12）年９月には政府の反対を押し切って、ゼロ金利政策をいったんは解除します。

金融政策を元に戻す「正常化」を実現したいという日銀の思いとは裏腹に、ＩＴバブルの崩壊や円高の進行などによって、日本経済の足取りは再び混迷を深めます。日銀は金融政策を再び緩和する方向に追い込まれ、01年３月、量的緩和政策を導入することになったのです。金利を引き下げるだけでは効果は乏しいとみて、民間金融機関がもっている日銀当座預金[7]の残高を目標とする方針に切り替えました。

民間金融機関がもつ預金量が増えれば、世の中に出回るおカネが増え、景気の回復につながる、というのがその理屈でした。当初5兆円とされた当座預金目標は順次引き上げられ、02年10月には20兆円にまで拡大しました。

03年3月に日銀総裁に就任した福井俊彦氏も、デフレと積極的に闘う姿勢を示します。04年1月には当座預金目標を35兆円にまで拡大するとともに、消費者物価指数が安定的に対前年比でゼロ％以上になることなどの条件を満たさない限り、量的緩和政策をやめない方針を示したのです。

06年3月には景気回復に合わせて誘導目標を「無担保コール翌日物金利」に戻し、量的緩和を解除しました。このときゼロ金利は継続しましたが、その後、金利を7月に0・25％、07年2月には0・5％に引き上げました。

白川総裁の時代　「非伝統的」な政策に踏み出す

その後2008（平成20）年からの白川方明総裁時代は、リーマン・ショックに遭

column

日本銀行の役割とは

日本銀行の役割は法律で定められています。日本銀行法では、日本銀行の目的は物価の安定と信用秩序の維持（金融システムの安定）によって経済の健全な発展につなげるとされています。

この目標を達成するために、日本銀行は通貨の発行、金融機関の考査、モニタリング、決済システムの整備・運営を行っているほか、調査・研究なども業務の重要な柱です。

情報技術（IT）の進展で、金融の世界は近年大きく変化しています。これまで仮想通貨といわれてきた「暗号資産」や、クレジットカードや電子マネー、QR コードなどを用いたキャッシュレス化は政府が力を入れていることもあってさまざまな政策対応や民間の動きが進行しています。こうしたトレンドは日本銀行を含めた各国の中央銀行も注目し、さまざまな研究に取り組んでいます。

グローバル化の時代にあって、各国中央銀行間での緊密な連携や意見交換もますます重要になっています。先進7カ国（G7）や G20（主要 20 カ国・地域）財務相・中央銀行総裁会議など顔を合わせる機会は多くありますが、それ以外にもリーマン・ショックのようなグローバル金融危機を未然に防ぐため、緊急時に即応体制がとれるようにトップ級はもちろん、実務者レベルでも緊密な連携を日頃から維持して備えることが重要になっているのです。

遇し、社債や上場投資信託（ＥＴＦ）の買い入れなどを行う「非伝統的」な金融政策に踏み切りました。さらに、コール金利の誘導目標を０・１％（08年12月）、０～０・１％（10年10月）と段階的に引き下げましたが、「金融緩和の小出し」との批判がつきまといました。

黒田総裁の登場　異次元緩和

そして現在の黒田東彦総裁は、２０１３（平成25）年３月の就任の翌月に異次元緩和を導入します。リーマン・ショック後の各国の中央銀行が行ってきた非伝統的な金融緩和を大胆に強化したイメージです。

黒田総裁の打ち出した緩和の主な柱は、当初、物価安定の目標を消費者物価の前年比上昇率２％程度とし、２年間程度で実現する考えでした。さらに、具体的手段をそれまでの無担保コール翌日物の金利から**マネタリーベース**[⑧]に変更することなどでした。しかし物価安定目標は2年では達成できず、16年1月にはマイナス金利を導入しました。さらに同年9月には長期金利をゼロ程度に修正する新政策＝**イールド・カーブ**[⑨]（利回り曲線）をコントロールする方向に枠組みを見直し＝を導入しました。しかし、巨額な資産の買い入れを中止したわけではありません。

黒田氏は19年4月25日に行われた記者会見で、平成の時代の日銀は、「多くの国に先駆けて非伝統的な金融政策に挑戦し、進化させた」と評価しました。しかし実際には、日銀の金融政策もそのかじ取りに悩み、迷走してきたのは間違いありません。

マイナス金利導入後は金利が低くなりすぎて、地方銀行など金融機関の収益に打撃を与えたり、年金運用などが悪化したりするなどの副作用も顕在化しています。

さらに、国債を民間金融機関から大量に買うことになっているほか、EFTの購入を通じて日銀が実質的な株主になっている株式が多くなり、売るに売れない状況になっています。

用語解説

⑥無担保コール翌日物金利

銀行の間で短期間のお金の貸し借りをする「コール市場」（呼べば応える、という意味でこう表現される）で、銀行同士が無担保で借りて翌日に返済する短期資金を貸し借りする際に適用される金利のこと。「無担保コールレート（オーバーナイト物）」や、「無担保コール・オーバーナイト・レート」などとも呼ばれる。

⑦日本銀行当座預金

日本銀行が取引先の金融機関等から受け入れている当座預金のこと。金融機関の側からみると、銀行などが日銀に預けている無利息の当座預金をさす。個人や企業への払い戻し、金融機関同士の送金や国への支払い、コール取引などの決済に利用されている。日銀当座預金が潤沢であれば、市場に流通する資金量も潤沢になるため、日銀が行っている量的緩和政策は、この仕組みを利用して当座預金の残高を増やすことで、経済の活性化を狙っている。

⑧マネタリーベース

日本銀行が世の中に直接的に供給するお金のこと。具体的には、市中に出回っているお金である流通現金、つまり、日本銀行券発行高と貨幣流通高、および日銀当座預金の合計値。国・金融機関以外の企業や家計など民間部門が保有する通貨の総量を示すマネーストックとは異なる。

⑨イールド・カーブ

縦軸に最終利回り、横軸に債券の満期までの期間を取ったグラフ上に、(同一発行体の)債券の最終利回りと残存期間に対応する点をつないだ曲線グラフのこと。「利回り曲線」とも呼び、債券投資で重要視される指標のひとつ。残存期間の長短による利回り格差を把握するときなどに使う。代表的なものが国債イールド・カーブ。償還までの期間が長いほど利回りが高い(右上がり)のときを「順イールド」、償還までの期間が短いほど利回りが高い(右下がり)のときを「逆イールド」と呼ぶ。金融緩和時、平常時には右上がりとなり、金融引き締め時には右下がりとなることが多い。

第3章

金融業界の激動は続く

――平成の大再編、令和「デジタライゼーション」の大波

平成時代は金融業界が大激変した時代でした。絶対につぶれないと信じられてきた銀行があっけなくつぶれ、証券会社や保険会社なども経営破綻が相次ぎました。1980（昭和55）年代後半に「ジャパンマネー」といわれ世界を席巻した日本の金融機関は、バブル崩壊後は急速にその力を失いました。特に不良債権に苦しんだ90年代後半以降は、混迷の時期が長く続きました。

金融破綻が連鎖した1997年

1997（平成9）年は金融破綻が相次いだ年でした。京都共栄銀行、三洋証券、

北海道拓殖銀行（拓銀）、山一証券、徳陽シティ銀行と、毎週のように著名な金融機関の破綻がつづきました。象徴的だったのは、戦後初めて都市銀行の拓銀が破綻し、大手証券の一角を占めていた山一証券が自主廃業にいたった事態です。これら破綻劇に共通するのは、バブル崩壊後に巨額の不良債権が積み上がったことや、これは特に山一証券にいえることですが、長年隠しつづけてきた巨額の簿外債務で身動きがとれなくなったことで、市場からの退場を命じられました。

一連の大きな破綻が97年、そして翌年の98年の時期に集中的に表面化したのには考えられる理由があります。そのひとつは金融業界も行政も、平成時代を通じての資金需給の変化や市場の変質、海外との競争に適切に対処できなかったからとみられます。

戦後の高度成長期からバブル期にいたるまでは、資金不足、資本不足の時代でした。その後、経済の成熟、変質とともに、資金余剰＝カネ余り、の時代へと変化しました。いわゆる外圧を利用した金融行政面での対応（金利の自由化など）は徐々に起きつつありましたが、資金余剰に対する備えが十分にできていませんでした。過剰に保護的な行政の手法を見直して、規制緩和などで資金を有効活用できるような環境を行政が主導してつくり出す必要がありましたが、実際にはそれができない時代が長くつづき

column

山一証券・野澤正平社長の記者会見の涙

讀賣新聞
THE YOMIURI SHIMBUN
11月25日
山一、自主廃業を決定
日銀は特融実施
負債総額3兆5000億に
公的資金を検討 金融安定へ 蔵相表明
富士銀、先月6日に把握
山一会見と食い違い
簿外債務2648億円

平成の経済取材で忘れられない場面のひとつが、1997（平成9）年11月24日の山一証券・野澤正平社長の涙の記者会見です。大手証券会社の一角を占めていた大企業が突如、廃業を発表し、消滅するという未曽有の事態に、東京証券取引所で行われた記者会見は殺気だった雰囲気に包まれました。

2時間以上も長い時間をかけて行われた記者会見の終盤、筆者が「社員のみなさんにはどのようにご説明されるのですか」と質問しました。突然会社が廃業すると言われて、社員は困ってしまうだろうと思ったからです。質問を聞くやいなや、野澤社長は「これだけは言いたいのは、私ら（経営陣）が悪いんであって、社員は悪くありませんから」と声を震わせ、突然、椅子から立ち上がって「どうか社員のみなさんに応援してやってください。お願いします。私らが悪いんです」と男泣きで訴えました。

あまりに想定外の展開に、質問した筆者自身も動揺してしまいました。当時の自分の父親と年齢があまり違わない大の男を泣かせてしまったと思うと、いたたまれなくなり、その場から逃げ出したくなりました。野澤社長の号泣の様子は、日本の金融危機を象徴する場面として、その後も国内外で繰り返し報道され、平成史の記憶に残る一コマになりました。

記者として聞くべき質問ではありましたが、あの質問をしなかったらあの号泣はなかったかもしれないと思うと、正直、野澤社長に申し訳なかったという気持ちが今も心の中から消えることはありません。

ました。

もうひとつの大きな理由は不良債権の累積です。金融業界は過剰な資金を持てあまし、業界内の横並び意識も相まって、十分な審査を行わず怪しげな乱脈融資に傾斜するようになります。バブルが崩壊した後は、銀行が融資した資金を返済してもらえない「不良債権」が次々と発生しました。株価の下落で「含み益」がなくなった結果、金融機関の体力を示す「**自己資本比率**」[⑩]が急速に低下しました。しかし、これにも行政が適切に対処する枠組みがなく、十分な対策をとることができませんでし

平成時代の金融行政の流れと主な出来事

1980年代後半	土地、資産、株価バブルの生成
90年代前半	バブル崩壊、不良債権問題の深刻化。金融機関に打撃
97年	北海道拓殖銀行、三洋証券、山一証券など金融破綻が連鎖
98年	金融再生法、早期健全化法が施行。金融監督庁発足。日本長期信用銀行、日本債券銀行が破綻、一時国有化
99年	金融検査マニュアル公表
2000年	金融庁発足
01年	主要行に対して特別検査実施
02年	金融再生プログラム公表
03年	りそな銀行に資本増強、足利銀行を一時国有化
05年	ペイオフ凍結解除、主要行の不良債権比率半減目標達成
08年	リーマン・ショック
09年	中小企業金融円滑化法成立（13年3月末まで継続）
12年	第2次安倍内閣発足、アベノミクス開始
15年	金融行政方針公表
16年	日本銀行がマイナス金利を導入
17年	改正資金決済法施行。仮想通貨交換業者に対し登録制を導入

た。

こうした矛盾を抱えながら、デフレ経済の進展で景気が後退していきます。そして金融市場の厳しい目にさらされながら97年というタイミングを迎えることになったのです。

急ごしらえで進んださまざまな制度整備

過去に例をみない金融機関の相次ぐ破綻によって、市場や経済界には金融システム不安が一気に広がりました。金融システムとは円滑なお金の流れのことを意味します。グローバル時代で世界の国々は緊密につながっており、どこか1カ所でお金の流れに目詰まりが起きると、それが世界全体に広がる危険があります。当時はまさに日本発の世界恐慌が起こっても仕方のないような危機的な状況に陥っていました。このため政府は破綻した金融機関を、混乱させることなく市場から退場させる法律の整備などを急ピッチで進めることになります。

この時の最大の課題は、不良債権が実際にはどれぐらいあるのかという確認作業でした。なぜなら、各銀行が公表する金額と実態がかけ離れているケースが多く、大手銀行をはじめとする金融機関の資産査定のあり方に厳しい目が注がれたからです。

政府は1997（平成9）年末には金融危機対策として、銀行に正しい不良債権額の公表を求め、その結果に応じて破綻処理を行ったり、是正措置を命じたりすることが決定されました。また預金者保護や金融システム安定化に総額30兆円の公的資金を活用する仕組みも設けられました。

公的資金については翌年の98年2月に金融システム安定化2法が成立しましたが、現実の政策対応は迷走します。3月には預金保険機構の「金融危機管理審査委員会」が大手銀行に対して公的資金の注入を決めます。しかし、各行が横並びで、注入額も1兆8156億円と過小だったため、政策的な効果は十分に発揮されず、後に「この対応は失敗だった」という評価を受けることになりました。

98年4月には早期是正措置が運用を始めました。早期是正措置とは、金融機関の経営の健全性を確保するために、自己資本比率という客観的基準を用いて金融機関に当局が必要な命令を出して、是正を促すことです。銀行は不良債権に対する適切な引当《ひきあて》金《きん》（将来の支出に備えてあらかじめ準備しておく金額）を適切に積み増した上で、自己資本比率を公表することが求められました。自己資本比率が健全性の基準を下回る場合には、当局から業務改善命令や業務停止命令などが打たれることになったのです。

さらに、同年6月には金融監督庁が発足しました（2000年7月に金融庁に改組）。しかしながら、依然としてさまざまな金融機関の経営が悪化し、支払い不能や決済の機能不全が市場全体に波及しかねない「システミックリスク」の懸念はくすぶり、広がりつつありました。たとえ健全な金融機関であっても、金融市場の機能不全の影響を受けて資金繰りなどが維持できずに倒れる懸念さえ出ていたのです。

金融監督庁の発足にあわせて、破綻した金融機関が健全な借り手への融資を継続しながら不良債権を切り離す「金融再生法」と、健全性基準は満たしているものの、資本増強をしないと市場に不安を与えかねない銀行に公的資金で資本増強を行う「金融早期健全化法」の2つの法律も成立し、総額で60兆円もの公的資金枠を準備しました。

「道具」がそろった金融行政

この2つの法律の成立で、破綻処理や資本増強のシステムがまがりなりにもそろいました。これを受けて、日本長期信用銀行（長銀）、日本債券信用銀行（日債銀）の2行は、1998（平成10）年の10月、12月に金融再生法にもとづき、相次いで破綻処理されました。

当時、金融機関の破綻処理や資本増強といった政策決定にあたっていたのは金融再生委員会でした。再生委員会は国家行政組織法にもとづく独立した行政機関として98年12月に発足し、再生委員会の決定にしたがって金融監督庁が実働部隊として動くという関係でした。

長銀と日債銀以外の大手銀行については、健全性基準を満たしていることは確認されたものの、金融システムの安定確保のために、公的資金の注入による資本増強が必要だと判断されました。このため、各行それぞれ個別の状況を勘案した資金注入額が決められました。再生委員会が99年3月に大手銀行15行に総額7兆4592億円の公的資金を注入した結果、当面の金融不安は沈静化することができました。ここまでの一連の動きは、金融危機への対応という平成時代の金融行政の大きなエポックとなりました。

デフレ対応の段階に移行

諸制度の整備によって危機回避の道具立てが整いつつありましたが、実際には銀行の財務実態が回復する道筋ははっきりと見えていませんでした。バブル期の過剰融資が生み出した不良債権については、銀行が必要な引当金を積んだり、資本増強をしたりして対応していましたが、そこにデフレの進行が襲いかかります。デフレによって企業業績は悪化し、これまで優良な貸出先とされていたところが、一転して業績不振から返済が滞ったり、返済ができなくなったりする事態が頻発してきたのです。

このため、金融庁は2001（平成13）年秋に「特別検査」を導入しました。業績や株価などの市場のシグナルに着目し、株価や社債の利回りなどが急落したり、低い水準にとどまり続けたりしているところを選び出して、銀行がそうした市場評価をどのように債務者区分に反映させているかをチェックする検査です。この結果、02年3月末の各銀行の決算では特別検査を踏まえた不良債権額が計上されました。返済能力が低下した企業が増えたことで、銀行の引当額も大きく増加しました。

金融再生プログラム

主要行の2002（平成14）年3月期の不良債権額は26兆円、不良債権比率は8・4％ときわめて高い水準にありました。02年9月末に竹中平蔵経済財政相が金融相も兼務するようになると、竹中氏は不良債権処理に大ナタを振るい始めます。竹中氏は

10月に「金融再生プログラム」を発表し、04年度末までに主要行の不良債権比率を半減させる目標が打ち出されました。さらに、前払いで払いすぎた税金相当額が将来戻ってくるとの想定で、それを資産と見なす「繰り延べ税金資産」の計上を限定的にしました。その結果、資本不足に陥った銀行への資本注入はためらわないとして、金融システムの強化に乗り出したのです。各銀行はそれまで先送りすることも多かった不良債権の最終処理を厳しく迫られることになったのです。

りそな銀行は、繰り延べ税金資産の計上が十分できず、資本不足に陥ることがわかったため、03年5月、政府は預金保険法にもとづく初めての金融危機対応会議を開き、りそな銀行への公的資金注入と預金の全額保護を決めました。この果断な措置によって、日本の銀行システムが正常化したと金融市場では受け止められ、株価は上昇に転じました。

一方、栃木県を拠点とする地方銀行の足利銀行は、03年9月時点で債務超過に陥ったと判断され、政府は2度目の金融危機対応会議を開き、一時国有化を決定しました。

こうした金融庁の一連の政策対応の結果、金融再生法にもとづく主要行の不良債権比率は02年3月の8・4％から着実に減少して、05年3月には2・9％まで低下しました。さらに06年3月期の不良債権比率は1・8％になり、ようやく金融行政が不良債権問題と決別することになりました。

平時モードの金融行政　令和時代の課題

不良債権問題の正常化によって、金融機関の経営をはじめ、市場も平時モードに戻ると、行政も平時なりの対応が求められるようになります。金融庁は、銀行が経済にどのように貢献するのかなどについてや、個人が余裕資金の多くを貯蓄に回し、お金が投資に向かわない現状をどう変革していくかといった点に政策の重点を移すようになりました。2007（平成19）年になると金融庁は「ベターレギュレーション」というキーワードで金融行政の質的転換を印象づけました。不良債権処理が政策目標の中心だった時代から脱し、利用者保護、公正で透明な市場の確立といった方向にかじを切ったのです。

その後世界的な金融危機となったリーマン・ショックなどを経ましたが、他の主要国に比べて日本の金融機関への影響が比較的軽微だったこともあり、その後、平時モードが深化していきます。15年7月に就任した金融庁の森信親長官は、金融機関の受託者責任や投資信託の販売手数料などについての開示方針を打ち出しました。さらに手数料に関しては、顧客利便を最優先に考えて、顧客を置き去りにすることのないように、各銀行に対してビジネスモデルの意識改革を徹底しました。

さらに後任の遠藤俊英長官は、[11]**フィンテック（＝FinTech）**をはじめとする「デジタライゼーション」（デジタル化）の加速度的な進展に対応するため、金融行政も民間部門と協力しあってデジタル化に対応する方向性を打ち出しました。このほか、人生100年時代に向けた長期の積み立て、分散投資など「貯蓄から投資へ」の意識改革の推進、国民の金融リテラシーの向上などを目標に掲げました。

平成時代は金融再編の時代

平成は大手銀行から地域金融機関にいたるまで金融機関の再編がつづいた時代でした。大手銀行グループでも1990（平成2）年に合併で太陽神戸三井銀行ができ、さくら銀行へと名称を変更した後、住友銀行と合併して2001（平成13）年には三井住友銀行になりました。96年には東京銀行と三菱銀行が合併して東京三菱銀行にな

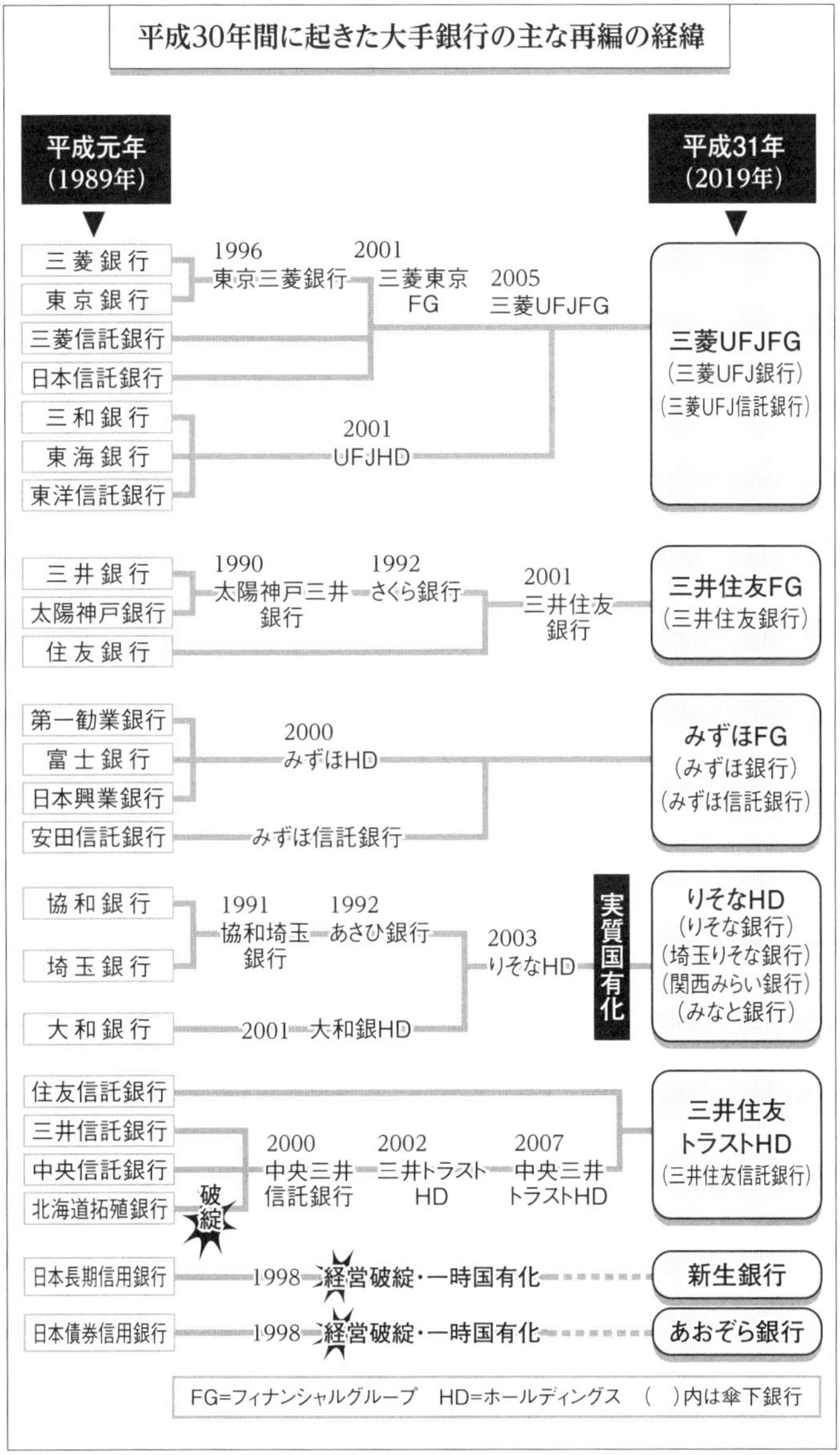

平成30年間に起きた大手銀行の主な再編の経緯
平成元年（1989年）
平成31年（2019年）
三菱銀行
東京銀行
三菱信託銀行
日本信託銀行
三和銀行
東海銀行
東洋信託銀行
1996 東京三菱銀行
2001 三菱東京FG
2005 三菱UFJFG
2001 UFJHD
三菱UFJFG
（三菱UFJ銀行）
（三菱UFJ信託銀行）
三井銀行
太陽神戸銀行
住友銀行
1990 太陽神戸三井銀行
1992 さくら銀行
2001 三井住友銀行
三井住友FG
（三井住友銀行）
第一勧業銀行
富士銀行
日本興業銀行
安田信託銀行
2000 みずほHD
みずほ信託銀行
みずほFG
（みずほ銀行）
（みずほ信託銀行）
協和銀行
埼玉銀行
大和銀行
1991 協和埼玉銀行
1992 あさひ銀行
2003 りそなHD
2001 大和銀HD
実質国有化
りそなHD
（りそな銀行）
（埼玉りそな銀行）
（関西みらい銀行）
（みなと銀行）
住友信託銀行
三井信託銀行
中央信託銀行
北海道拓殖銀行
破綻
2000 中央三井信託銀行
2002 三井トラストHD
2007 中央三井トラストHD
三井住友トラストHD
（三井住友信託銀行）
日本長期信用銀行
1998 経営破綻・一時国有化
新生銀行
日本債券信用銀行
1998 経営破綻・一時国有化
あおぞら銀行
FG=フィナンシャルグループ　HD=ホールディングス　（　）内は傘下銀行

各種資料より作成

り、01年に発足したＵＦＪホールディングスが加わって05年に三菱ＵＦＪフィナンシャル・グループができました。さらに第一勧銀、富士、日本興業の3行が統合し、00年にみずほホールディングスが誕生しました。89（平成元）年に都市銀行は13行ありましたが、現在は3メガバンクとりそな銀行に集約され、地銀・第二地銀は１３２行（89年度、相互銀行含む）から１０３行（19年4月1日現在）に集約されています。

再び地銀経営に課題も

金融機関や金融行政が令和元年の現在、平時モードであることは変わっていませんが、地域金融機関は課題を抱えています。少子高齢化や人口減少によって地方経済が弱まり、さらに超低金利時代の長期化によってとりわけ地域金融機関の収益力が低下しているのです。森元長官時代から収益力強化が叫ばれ、再編を含めた「稼ぐ力」の強化の必要性が指摘されつづけてきましたが、地域金融機関側の反応は鈍く、なかなか具体的な成果に結びついていないのが実情です。

情報技術（ＩＴ）や人工知能（ＡＩ）の進展で、キャッシュレス化や合理化・省力化に向けた動きが加速し始めるなど、金融ビジネスを取り巻く環境は大きく変わりつつあります。ＩＴ技術にたけた異業種から金融業界への新規参入なども相まって、既存の金融機関の危機感は年々大きくなっています。厳しい環境のなかで、銀行を中心とした金融機関にとって、新たなアプローチによるビジネスモデルをいかに構築できるかどうかが問われています。

用語解説

⑩自己資本比率

　銀行経営の健全性を判断する指標で、保有するリスク資産など（分母に相当）に対する自己資本（分子に相当）の割合のこと。自己資本は、資本金、剰余金等などで構成される基本的項目（Tier1）と、劣後債などにより構成される補完的項目（Tier2）の合計から、一定の控除項目を差し引いたもの。国際的な活動を行う銀行は８％以上、海外に営業拠点を持たず、日本国内のみで活動を行う銀行は４％以上を維持することが求められている。

⑪フィンテック

「Finance（金融）」と「Technology（技術）」を融合させた造語。英語で「FinTech」と表記する。ＩＴ（情報技術）を活用したこれまでにない革命的な金融活動のこと。金融機関の間では、フィンテックから生まれる新たな金融サービスを開発しようとする競争が激しくなっている。スマートフォンなどを活用した各種機能やインターネット上での資金決済など、個人にも使いやすいサービスの開発・普及が期待されている。

第4章 「平成デビュー」の消費税、今後の行方は？

——日本の財政の問題点を点検する

戦後の「所得税中心主義」が限界に

平成時代の経済政策の特筆すべき出来事は消費税が導入されたことでした。

日本の税制は戦後、日本を統治した連合国軍総司令部（ＧＨＱ）最高司令官のマッカーサー元帥の命を受けて派遣された「日本税制使節団（シャウプ使節団）」の報告書（シャウプ勧告）が基本となっています。シャウプ勧告では、所得税が最大の税収源であるべきと主張し、所得税中心税制ができあがりました。戦後の日本について、結果的に労働力人口が増加し、高度成長のもとで個人や法人の所得が急速に増えていくことに対応していたともいえます。

しかし、時代を経るうちに、大量の国債発行が行われるなかでの財源確保の問題や、サラリーマン世帯を中心にした負担感の増大などが表面化してきました。さらに社会の高齢化の問題が大きくのしかかります。社会の高齢化が進んで労働力人口が少なくなると、所得税中心主義は限界を迎えると広く意識されるようになりました。労働力人口が減るということは、働いて税金を納める人が少なくなるということを意味します。さらにいえば、所得税中心の税制では、世代間の負担の不均衡は拡大します。高齢者に必要とされる社会保障費用は現役で働く世代が負担することになるので、高齢者が増えるとそれだけ現役世代の負担が重くなるのです。そうした結果、高齢者を含めて国民全体で広く負担する消費税が導入されたのです。

消費税導入と税率引き上げ

１９８９（平成元）年に導入された消費税は、日本で最初の大型間接税となりました。消費税法案の成立は竹下登内閣のときです。消費税導入をアピールするために、総理大臣が自らデパートでネクタイを買い、消費税をおさめる風景がテレビでも紹介されました。

讀賣新聞 4月1日 土曜日 1989年(平成元年)

THE YOMIURI SHIMBUN

第40522号 (日刊) ©読売新聞社1989年

発行所 読売新聞社 東京都千代田区大手町1-7-1 郵便番号100-55 電話(03)242-1111 郵便振替口座東京4-612

3%消費税スタート

	商品・サービス	消費税転嫁方法
値上がり	鉄道運賃	3%分上乗せし、原則10円未満を四捨五入。初乗り運賃は据え置き。国内航空運賃が通行税廃止で値下がりし、空との競争激化。
	タクシー	3%分上乗せし、10円未満を四捨五入。このため、初乗りは10円アップ。個人タクシーはメーター切り替えまで遅れる見込み。
	通信	はがき41円、封書(25g以下)62円。加入電話は基本料、通話料とも3%上乗せ。公衆電話は市外通話時間を平均3%短縮。
	コメ	標準価格米(10kg)は4月1日に再引き下げ(50円)のうえ転嫁で、実質1%程度上昇。自主流通米も小売り段階で、1%程度の値上げか。
	住宅	住宅購入の場合、土地は非課税。公団家賃は3%を上乗せ。民間賃貸は、家主が免税業者の場合コスト上昇の範囲内と、建設省が指導。
	医療	社会保険診療は非課税ながら、薬品などの上昇で0.76%アップ。人間ドック、美容整形、出産費用などは大筋3%転嫁。
上げ・下げ両様	酒・飲料	酒税改正で、原則として高級酒は値下げ、大衆酒は値上げ。清涼飲料は自動販売機の100円缶を据え置き、大型容器などには原則3%上乗せか。
	外食・宿泊	外食は料飲税の税率下げと免税点上げで2500円超は安くなる時も。ホテル・旅館は料飲税の改正で5000円超は減税、5000円以下は増税。
	衣料	衣料品は、下着類も含めすべて課税の対象。ただし、毛皮製品は物品税(15%)の廃止でかなりの値下がりが期待できる。
値下がり	乗用車	物品税の廃止により、排気量2000CC超は10%程度、2000CC以下は7%弱値下げ。軽バンは物品税率が低いので減税効果は小さい。
	家電	物品税が廃止され、テレビ、VTR、冷蔵庫など大部分は値下げ。30型以上のテレビなどは、物品税率が高かったので下げ幅が大きい。
	光熱費	電気税の廃止、円高差益の還元などで9社平均4.96%下げ。ガス税廃止は免税点が高いため影響は少なく、平均1.17%下げ。

厳しく価格監視 政府

消費全般に広く薄く課税する税率三%の消費税がきょう一日からスタート。深夜スーパーなどを皮切りに、未明から商品への税額転嫁が始まった。抜本改革を構成する株式など有価証券売却益（キャピタルゲイン）への全面課税、法人税率の段階的引き下げ、物品税などの廃止、所得税・住民税減税と合わせ、日本の税制はいよいよ新たな時代に入った。政府は、消費税実施で便乗値上げや下請けいじめなどが生じ、国民生活に無用の摩擦を起こさないよう価格を中心に監視体制を強化、新税制の軟着陸に全力を挙げる。

「消費税元年」の始まりを迎え、商店などで、棚卸しや値札の張り替えなど徹夜の準備が続く中、二十四時間営業のスーパーや深夜レストランでは、一日午前零時過ぎから次々と消費税の転嫁が始まった。

消費税により、これまでほとんど税金がかかっていなかった各種サービスに、初めて課税の網がかぶせられた一方、「一部の商品に偏り、不公平」との批判があった物品税など八つの個別間接税は、三十一日で姿を消した。こうした間接税の大改革で、企業の価格戦略や消費動向には変化が予想され、消費最前線はまさに新しい時代の幕開けとなりそう。

また、一日早朝に到着する国際便の旅客は、免税範囲を超えた手土産品に、消費税を含めた簡易税率（関税と間接税の合計）が適用される。物品税の廃止や酒税の改正でほとんどのケースが大幅減税になるが、国への消費税の直接納税はこの旅客が第一号になる。

一方、国民の消費税に対する懸念や不信感も、導入日を迎えて高まっているため、政府の消費税関連部局は、土曜日の一日も職員をフル動員。首相を先頭に閣僚が街頭の視察に繰り出すのをはじめ、全国でPRや相談の受け付けに備える。

物価上昇への不安や、消費税を口実にした零細企業への不当な圧力などへの懸念も広がっており、経済企画庁、公正取引委員会などは、一日から本格的に監視や調査に入る。

こうした消費税のスタートで、所得・住民税の減税と合わせ、新税制下での家計の税負担も大きく変わる。大蔵省の試算では、年収五百万円の平均的な家族構成のサラリーマン世帯では、減税が消費税負担を四万八千円前後上回るなど、三百万円以上の層ではすべて差し引き減税になる。

しかし、野党などからは「政府試算は減税幅を過大に見過ぎている。弱者直撃の不公平税制だ」との批判も強い。十日から始まる週明けの国会の消費税集中審議では、竹下内閣の政治姿勢と新税制の是非をめぐり激しいやり取りが展開されるとみられる。

主なニュース

◆消費税関連◆
一律転嫁の自治体わずか42%（2面）
公取委員長にインタビュー（経済面）
深夜スーパーなどまず"洗礼"（社会面）
◇その他◇
ゴ書記長、あすキューバ訪問（国際面）
2月の経常黒字17%の大幅増（経済面）

インサイダー取引の規制も

株式などのインサイダー取引（未公開情報を利用した不公正取引）に対する規制を盛り込んだ改正証券取引法が、四月一日から施行される。違反すれば新たに刑事罰が科せられるなど、これまで野放し同然だったインサイダー取引にようやく厳しい"法の網"がかぶせられることになった。違反した場合、六か月以下の

きわだつ

1989（平成元）年4月1日　読売新聞

ここで消費税導入までの経緯やその後の流れをおさえておきましょう。

消費税の「源流」は大平正芳首相の時代までさかのぼります。79年に財政再建のために「一般消費税」の導入を閣議決定しましたが、与野党の猛反発を受け、その後に導入を断念。のちの中曽根康弘内閣も「売上税」法案を国会に提出しましたが、廃案になりました。竹下内閣でようやく消費税法が成立し、89年4月に税率3％で導入しました。歴史に残る大仕事でしたが、竹下首相はリクルート事件などの影響もあって、2カ月後に退陣を余儀なくされました。

その後は、消費税率をいつ、どのように引き上げるかが政治の大きな課題となります。94年2月、細川護熙内閣のときに消費税を廃止して、税率7％の「国民福祉税」を導入する構想が突然発表されましたが、連立政権内での調整不足などから強硬な反発が出て、翌日には撤回に追い込まれます。

それ以降は、政権の枠組みが大きく変化しましたが、97年の橋本龍太郎内閣のときに、税率を3％から5％に引き上げました。引き上げに実に8年かかったことになります。

消費税率を上げるためには、大きな政治的熱量を必要とします。同時に政治的なリスクにも直面します。それゆえ橋本内閣以降の内閣は積極的に消費税に向き合う姿勢を見せませんでした。バブル崩壊とデフレ経済の影響で日本経済が厳しい局面にあったことも影響しているでしょう。

ようやく２０１２（平成24）年の野田佳彦内閣のときに、消費税を14年に８％、15年に10％に引き上げる「社会保障と税の一体改革の関連法」が３党合意によって成立。その後政権交代で安倍晋三内閣になり、14年４月に、消費税率が５％から８％に引き上げられました。

当初は15年10月にさらに２％引き上げて税率を10％にする予定でしたが、安倍首相は経済情勢を理由にこれを17年４月に延期します。さらに16年夏になって、新興国経済の情勢などを理由に再び延期し、19年10月に引き上げることにしたのです。

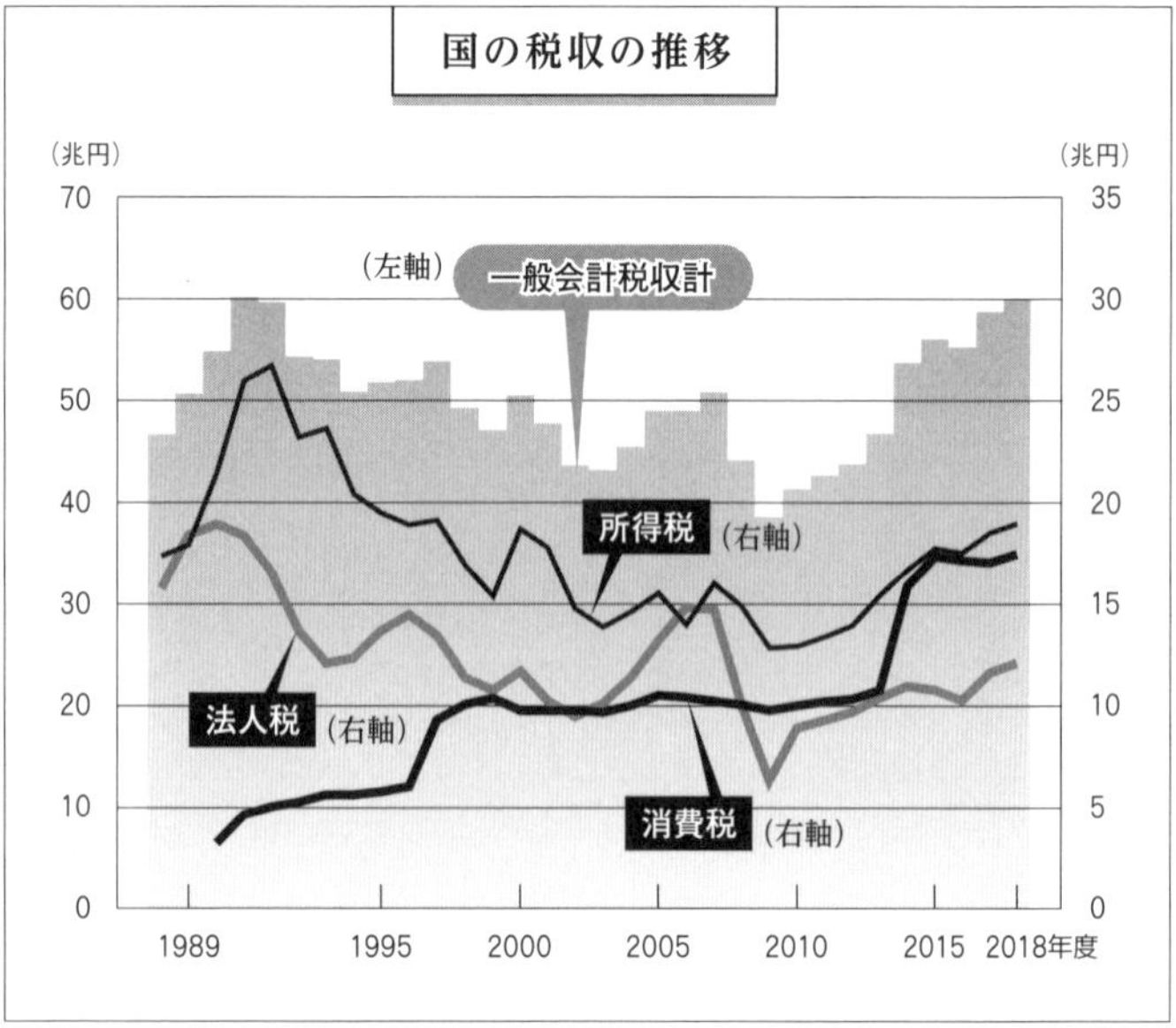

財務省資料より作成

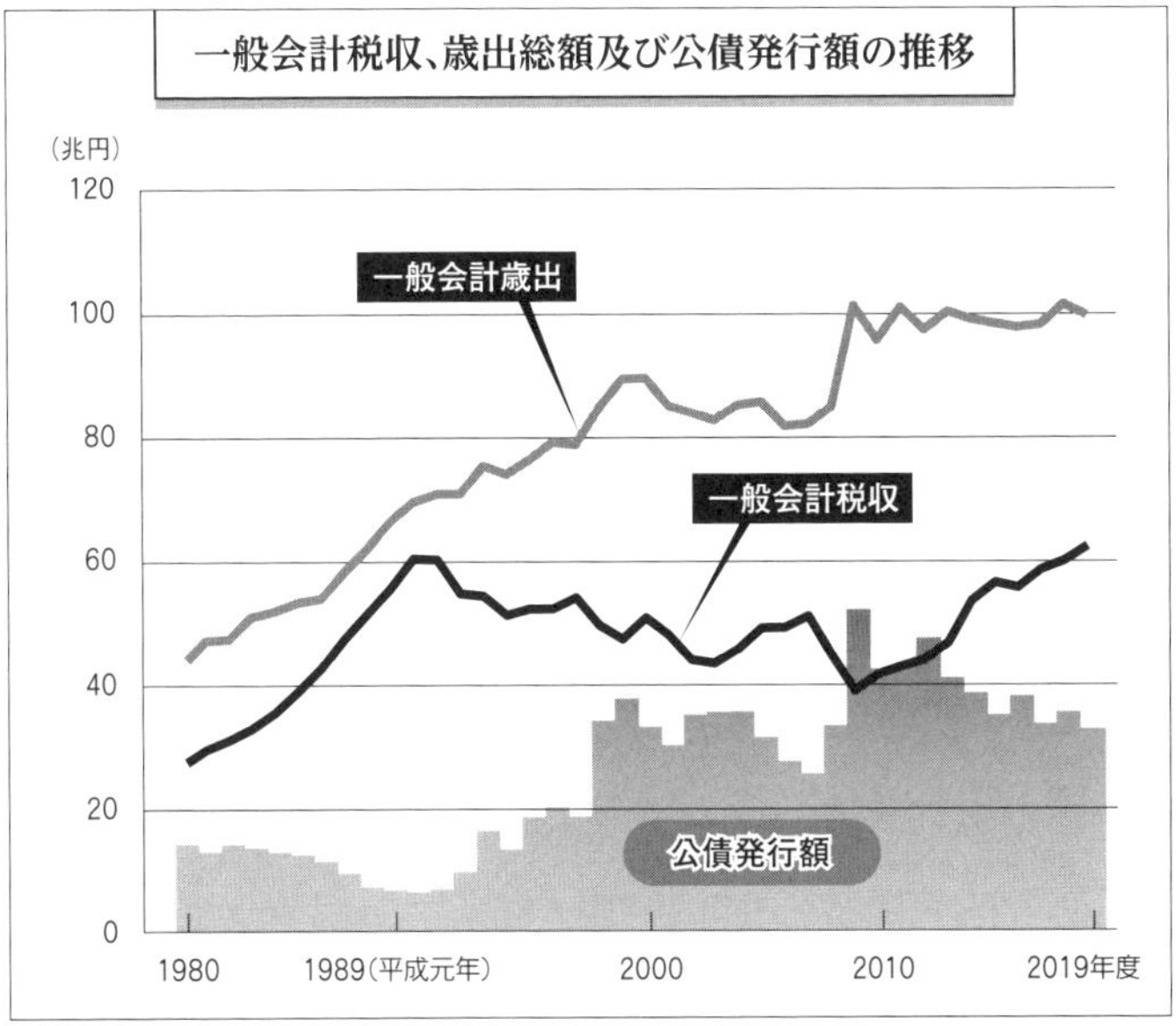
一般会計税収、歳出総額及び公債発行額の推移
（兆円）
120
100
80
60
40
20
0
一般会計歳出
一般会計税収
公債発行額
1980
1989（平成元年）
2000
2010
2019年度

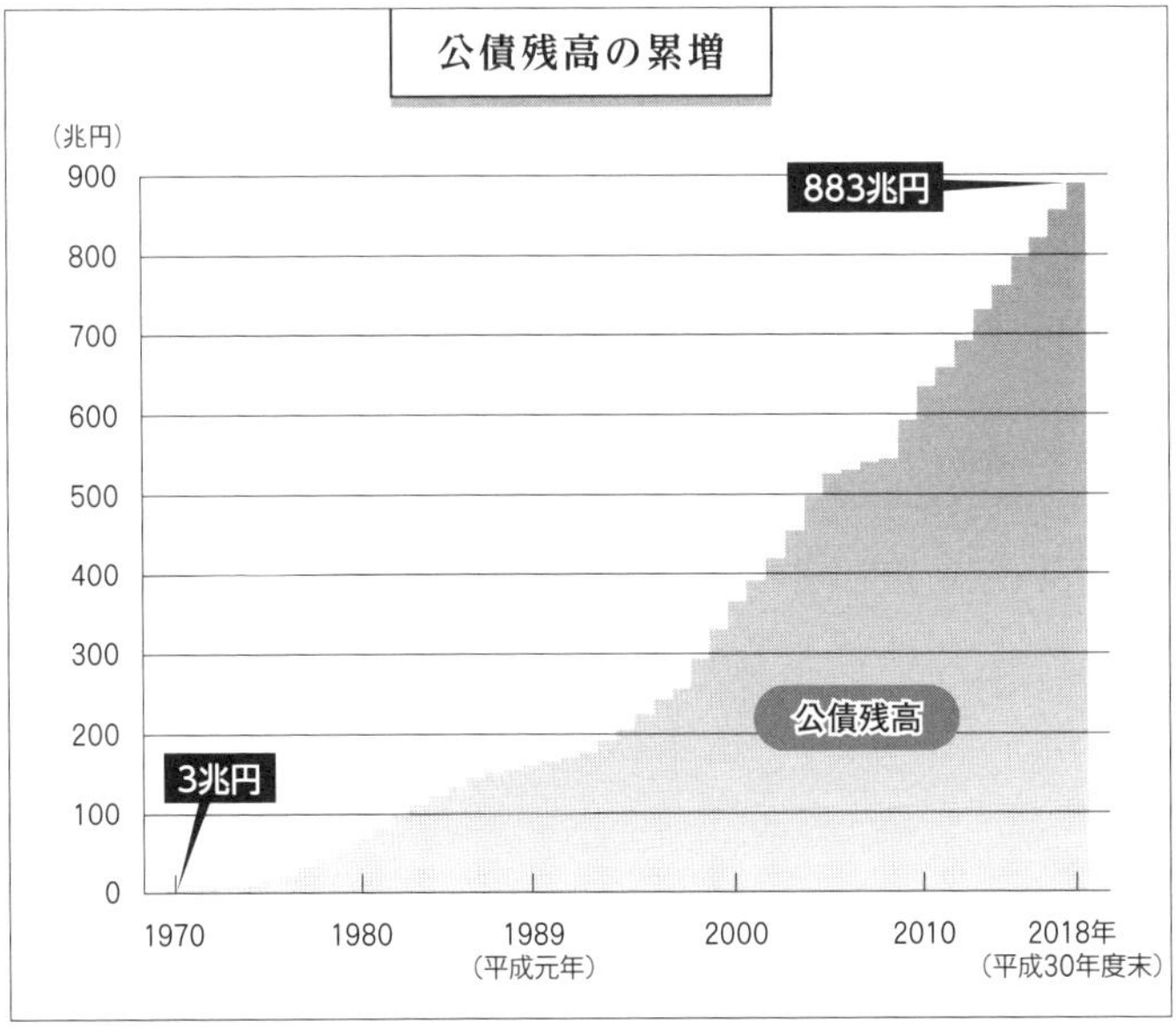
公債残高の累増
（兆円）
900
800
700
600
500
400
300
200
100
0
883兆円
3兆円
公債残高
1970
1980
1989
（平成元年）
2000
2010
2018年
（平成30年度末）

財務省資料より作成

消費税は税収の約3割を占めており、国の財政の柱になっています。税収は主に所得税、法人税、消費税で構成されますが、消費税の導入で所得税の構造にも変化が起きています。高額所得者の税率を高くする累進構造が緩和されてきたのです。かつては15段階の累進構造でしたが、簡素化が進んで現在は7段階の税率となっています。

日本の財政は大丈夫？

税制改正の役割は、財政の健全化をめざすものでもあります。政府の活動をお金の使われ方から見るのが財政ですが、平成以降の成熟期の日本はそれ以前の姿とは大きく異なっています。

高度成長期までの時代は、戦後のインフラ整備が中心でした。社会インフラの整備には多額の財政資金が必要ですが、所得税中心主義でも税収が増えていたため、均衡していました。

1970（昭和45）年代初めの田中角栄内閣で、老人医療費無料化の拡充や年金制度の拡充など福祉の充実をめざす「福祉元年」が唱えられ、社会保障制度が拡充されたことなどから財政支出が急激に増え、税収で必要な財政資金をまかなえなくなりました。この結果、三木武夫内閣のときに赤字国債を発行して、つまり国が借金をすることで穴埋めする対応をとりました。オイルショック後の経済不況克服をめざした福田赳夫内閣でも積極的な財政政策がとられたことから、財政の赤字体質が定着するようになります。

支出が増える一方で、税収が増えなければ、赤字がたまることになり、拡大する一方となります。つまり、借金が増えつづけていくことを意味します。２０００（平成12）年代に入ると、一般会計の歳入のなかで国債発行額の占める割合を表す「国債依存度」が40％を超える年が出てきます。当然ながら、国債は将来返済しなければいけない国の借金です。しかし、ここまで残高がふくらんでくると、返済するのは簡単ではありません。

国債依存度は80年代前半に20％を超えて推移していました。90年代初めに一時、低下しましたが、90年代後半には再び増えだしました。バブルの崩壊で経済が低迷し、デフレ傾向が強まった90年代の後半には、政府による景気対策が矢継ぎ早に打たれ、その結果、国債発行に依存した財政政策が常態化することを余儀なくされました。さらに高齢化の進展で社会保障費が増加したことも重く国の財政にのしかかっています。

日本の景気が良くなって、税収が増えることで借金を返済できるようになれば財政悪化には歯止めがかかりますが、劇的な景気回復は果たせず、現実的な期待とはなっていません。

国債発行残高をみると、94年度は200兆円台でしたが、99年度に300兆円を超え、05年度には500兆円、12年度には700兆円をそれぞれ突破。19年度予算では897兆円になりました。国債費比率は予算の4分の1近くを占める水準にまで膨らんでいます。

column

新聞に出てくる「軽減税率」ってなに？

2019（令和元）年10月からの消費税率引き上げ（8%から10%）にあたっては、食品など生活必需品の一部の消費税率を現行の8%に据え置く「軽減税率」が適用されます。

対象となるのは、酒類と外食をのぞく飲食料品と、このほか週2回以上発行される定期購読の新聞も含まれます。飲食料品については、店内で食べるか、持ち帰るかで税率が異なり、店内で食べる場合は10%の税率が適用されるのに対し、持ち帰りには8%が適用されます。

このためイートインなどの設備を持つコンビニエンス・ストアなどの現場では、同じ商品に2つの異なる税率があるために、8%で買ってイートインで食べる客が出るなどの混乱が生じる可能性もあります。ただ、コンビニ各社はイートインスペースのある店舗内で飲食する場合、レジでの会計時に客から自己申告してもらう方針です。

財政赤字がつづくとどうなる？

財政が赤字になるとさまざまな問題が生じます。財務省自身も認めていますが、国債の利払い費の増加のために、それだけ必要なお金が削られるので、政策の自由度がなくなります。

また、将来にわたって国債の買い手（資金の出し手）を募るために金利は上昇圧力がかかり、経済への悪影響が大きくなる可能性もあります。さらに、借金を後の世代に先送りすることから、世代間の不公平が拡大する問題も生じます。この結果、活力ある経済・社会の実現に大きな足かせとなるのです。

さらに将来、現在はまだ問題化していませんが、金融市場で日本の国債の信用が維持できなくなる可能性は否定できません。

指標となる日本の10年国債の利回りは、歴史的な超

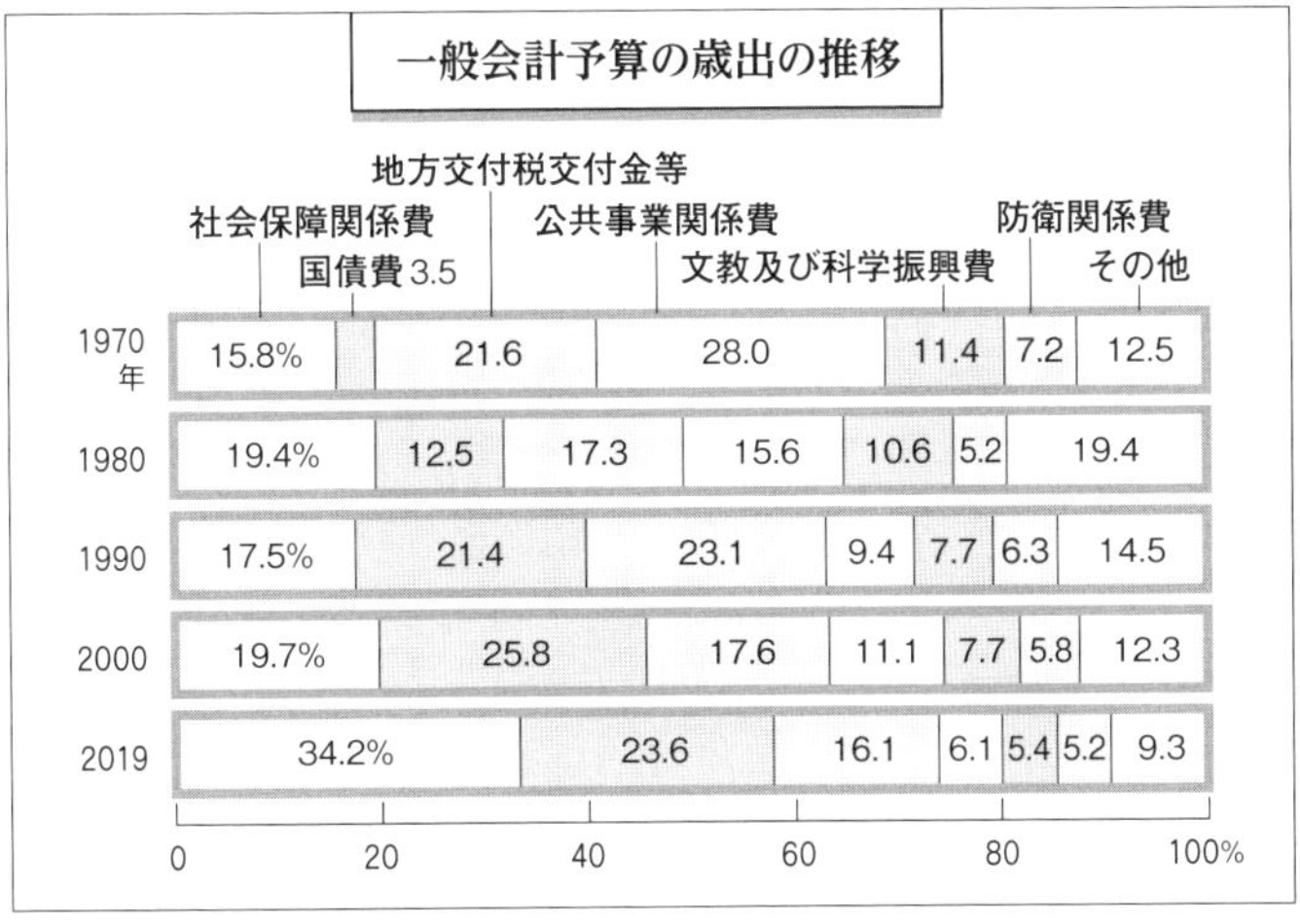

財務省資料などから作成

低金利になっています。巨額の財政赤字を抱える日本の国債でも信頼が揺らいでいない理由は、日本国債の大部分が国内で買われている（9割以上が日本の金融機関によって保有されている）ことや、民間部門の資金が余る貯蓄超過であることなどが指摘されています。

しかし、いま日本銀行が市場に出回る国債を大量に買い入れていることで、市場がその価値を評価しにくくなっているほか、高齢化の進展の影響で貯蓄率が低下傾向にあることなどから、将来、日本国債の信認が揺らぎ、金利が上昇する懸念が全くないとはいい切れないのです。

現在の「歳入」と「歳出」

現在の国の財政の姿がどうなっているか見てみましょう。国の1年間の収入を歳入と呼びますが、そのうち税収は約3分の2にとどまり、残りの約3分の1は新たな借金で構成されています。税収は所得税、法人税、消費税の3税で大半を占めています。このほか国税には揮発油税や酒税やたばこ税などがあります。

一方で国の1年間の支出のことを歳出といいますが、令和元（平成31）年度の歳出予算総額は１０１兆４５７１億円で、当初予算としては過去最高額となりました。

社会保障関係費がその３分の１にあたる34兆円。地方への交付金が約16兆円、公共事業費が６・９兆円、防衛費が５・３兆円、教育費が４兆円、そして借金の返済と利息が23・５兆円でした。

国が使うお金のうち最も大きな割合を占める支出は社会保障関係費で、医療、年金、介護、生活保護、子ども・子育てなどの目的に使われています。高齢者に支払われる年金の一部を国が負担し、老後の生活を支援しているほか、高齢者が介護認定されれば、原則１割の自己負担で介護サービスを受けられる仕組みなどに役立てられています。さらに保育所の整備や子育て給付金を交付したりすることで、子どもを安心して産み育てる環境を支援しているのです。

社会保障以外での主な支出としては、地方への交付金が多くを占めます。地方公共団体が提供する警察や消防、ごみ収集などの公共サービスについて、一定水準の内容を全国で提供できるように国が調整し、必要な費用を配分しています。公共事業費は道路や河川の堤防、ダムの建設・整備などに使われます。防衛費は日本の国土防衛や、災害時の救援活動などにあてられています。教育費は小中学校の児童生徒が使う教科書の無償配布や教職員給与の一部負担など教育関連の支出にあてられています。

多難な財政再建の道

当然のことながら、政府は財政再建のための努力を怠っていたわけではなく、さまざまな手法で歳出を抑制する方法を考えてきました。各省庁が希望する予算規模を示す概算要求の段階からマイナスシーリング（要求枠を対前年度比で減額し、歳出予算総額を抑える方式）とするなど、オイルショック以降は歳出抑制傾向が顕著になっています。

column

「令和」経済の読み方

「少子高齢化」で日本の財政はどうなる？

財政再建を困難にしているのは、日本の人口減少と高齢化です。日本の人口は 2008（平成 20）年をピークに減少しており、これにともなって生産人口も減少しています。高齢者の割合も 2060 年には人口の約 4 割に達すると見込まれています。

こうした人口減や高齢化の進展は当然ながら財政を直撃します。高齢になると病気にかかりやすくなったり、介護が必要になったりすることから、医療費や年金など社会保障関係費が大きなコストとしてのしかかってきます。一方で人口減少によって生産年齢人口が減り、税収なども先細りとなります。

社会保障費のなかで割合が大きいのは年金で、全給付の 4 割以上を占めることになるほか、医療費も年々増大しています。社会保障費の大半は保険料と財政でまかなわれますが、国民の負担が今後増えることは間違いありません。

１９９０（平成２）年にいったん赤字国債の発行はゼロになりましたが、その後のバブル崩壊などを経て、各種景気対策などが発動された結果、94年から赤字国債の発行が再開されました。加えて、インフラ整備などで建設国債の発行も増えていきました。

橋本内閣では構造改革を打ち出して、財政構造改革を図ろうと試み、政策のかじを切ろうとしました。具体的には２００３（平成15）年度までに国と地方の財政赤字をＧＤＰ３％以下にする、03年度までに赤字国債の発行をゼロにする、公共事業を削減し、社会保障関係費も抑制するという大胆な内容でした。

しかし、景気の悪化とデフレ経済の進展を受けて実現できないままに終わり、財政構造改革法は次の小渕恵三内閣で凍結されました。

その後小泉純一郎内閣で、プライマリーバランス（ＰＢ＝国・地方の基礎的財政収支）を10年代初頭に黒字化する目標が設定されました。ＰＢは国債などの元利払い以外の歳出を税収のみでまかなった場合の収支を意味します。ＰＢは一時、黒字化手前まで到達しましたが、その後08年のリーマン・ショックなどもあって、再び悪化しました。その後も目標年限を先延ばしして再設定しますが達成できず、現在は25年度の黒字化をめざしています。

第5章 このままで大丈夫? 日本の「ものづくり」「農業」「経営」

——人口減による内需減少、ＩｏＴ社会への対応

日本のお家芸「ものづくり」はなぜ挫折・敗北したか?

平成の30年間は日本のものづくり産業が苦闘した末に、敗北した時代だったといえます。特に大手電機メーカーにとってはいろいろな努力や奮闘を重ねたものの、世界の潮流変化にうまく対応できなかった難しい環境が続いたといえるでしょう。

それを象徴しているのが「産業のコメ」と呼ばれた半導体事業の衰退です。１９８９（平成元）年には、半導体製造の世界トップ10のうち半数以上を日本メーカーが占めていました。しかし日本企業の意思決定の遅れやコスト意識の欠如、技術の流出などで国際競争力は急速に低下し、韓国などの新興国にその座を奪われる結果となりまし

た。

パーソナル・コンピューター（以下パソコン）は、昭和時代の終盤にＮＥＣが発売した「**98シリーズ**」[12]が爆発的にヒットし、東芝もノート型パソコンをいち早く発売するなど、当初は健闘していました。しかし、組み立てメーカーとして、性能面での差別化に苦戦し、価格競争を激化させた結果、日本勢は国際競争から脱落してしまったのです。その後、ＮＥＣと富士通のパソコン事業は中国のパソコン大手レノボの傘下に入り、ソニーは投資ファンドにパソコン事業を譲渡しました。

携帯電話に関しては、２００７（平成19）年に登場した米アップルのｉＰｈｏｎｅ（アイフォーン）に敗北したことも大きいといえます。

アップルがｉＰｈｏｎｅを発表した当時は、日本の携帯電話は「**ｉモード**」[13]などで成功していたこともあり、スマートフォン（以下スマホ）の普及に敏感に反応することができませんでした。しかし、スマホは驚異的なスピードで世界の消費者に浸透し、中国や台湾、韓国勢の製品がひしめくなか、日本メーカーは市場で存在感を示すことができなかったのです。

そのなかで唯一健闘したのがテレビだったといえるでしょう。日本企業は、液晶などを使った高性能の薄型テレビを開発し、巨額の投資を行って大型工場を建設するなどの動きを見せました。ところがこれも、中国・韓国勢にすぐに追いつかれ、急速に競争力を失いました。

その結果、シャープは業績不振に陥り、台湾の鴻海《ホンハイ》精密工業の傘下に入ったほか、他の電機大手も、東芝が原子力事業の失敗で巨額の損失を出し、優良な子会社の売却を迫られるなど、再編や合理化、選択と集中を厳しく迫られる時代となりました。

は約122万8000頭。20か月以下は12・5%にあたる約15万3000頭で、検査費用は推計で年2億2000万円とみられる。

国の決定は、「20か月以

務を手がけるほか、インドの政府系金融機関と業務提携する。インドは経済成長が著しく鉄道、港湾など社会資本整備の大プロジェクトが相次ぐ。欧米金融機関

要な資金を調達する手法の提案や、事業計画の分析・検証をする「財務助言業務」を行う。実際の融資はアジアの近隣支店などで取りまとめる。

先行発売された「iPhone・3G」。徹夜組を含む大勢の人が行列を作った（11日午前9時35分、東京・神宮前で）＝竹田津敦史撮影

iPhone日本上陸

ソフトバンクモバイルは11日、米アップル製の新型携帯電話機「iPhone（アイフォーン）・3G」を全国で一斉に発売した。

大阪市北区のヨドバシカメラでは、正午に販売を開始。最初に商品を手にした宮崎県日向市のアルバイト甲斐洋平さん(28)は「昨日の昼から並び、一睡もしていないが、一刻も早く操作したい」と声を弾ませた。整理券を配り始めた午前8時半には400人余りが行列した。次回の入荷予定は未定としている。

午前7時に先行発売した「ソフトバンク表参道」（東京）では、10日夜からは1500人以上が1キロ・メートルの行列を作った。孫正義社長は「今年は携帯電話のインターネットマシン元年となる。今日は歴史的な記念日」とあいさつした。

アイフォーン・3Gは、アップルのデジタル携帯音楽プレーヤー「iPod（アイポッド）」の機能を内蔵、画面に指で触れて操作でき、ボタンの少ないデザインが特徴だ。新規契約で24回分割払いの場合、記憶容量8ギガ・バイト型が2万3040円、16ギガ・バイト型が3万4560円。

アイフォーン・3Gを使うには、購入して電源を入れた後、電話機能のロックを解除しなければならない。ロックの解除は自宅でパソコンを使って行うが、サービスで実施した一部の店舗でこの手続きができず、戸惑う人もいた。

見通し

証方法議論

エネルギー支援を拒否している日本を批判していることが分かった。対北支援問題は11日の協議でも焦点のひとつで、日本が微妙な立場に追い込まれる可能性が出てきた。

協議関係筋によると、中国が対日批判を展開したのは、10日行われた米中首席代表会談の席上。米首席代表のクリストファー・ヒル国務次官補が拉致問題での日本の立場に理解を示し、核施設無能力化と核申告の見返りに北朝鮮に提供される重油100万トン相当のエネルギー支援のうち日本が分担する20万トン分について、「日本を除く4か国で負担しよう」と議長役の武大偉・外務次官に提案した。しかし、武次官は「日本が支援に参加しなければ、6か国協議の意味合いが薄れてしまう」などと否定的な見解を述べ、日本の姿勢を批判したという。

よみうり寸評

〈ノーベル
も近い日本
いわれた物
が亡くなっ
化勲章の受
東大特別栄誉教授の戸塚
ん、66歳◆その訃報を聞
じ日に手元に届いた文芸
月号で、戸塚さんと立花

2008（平成20）年7月11日　読売新聞

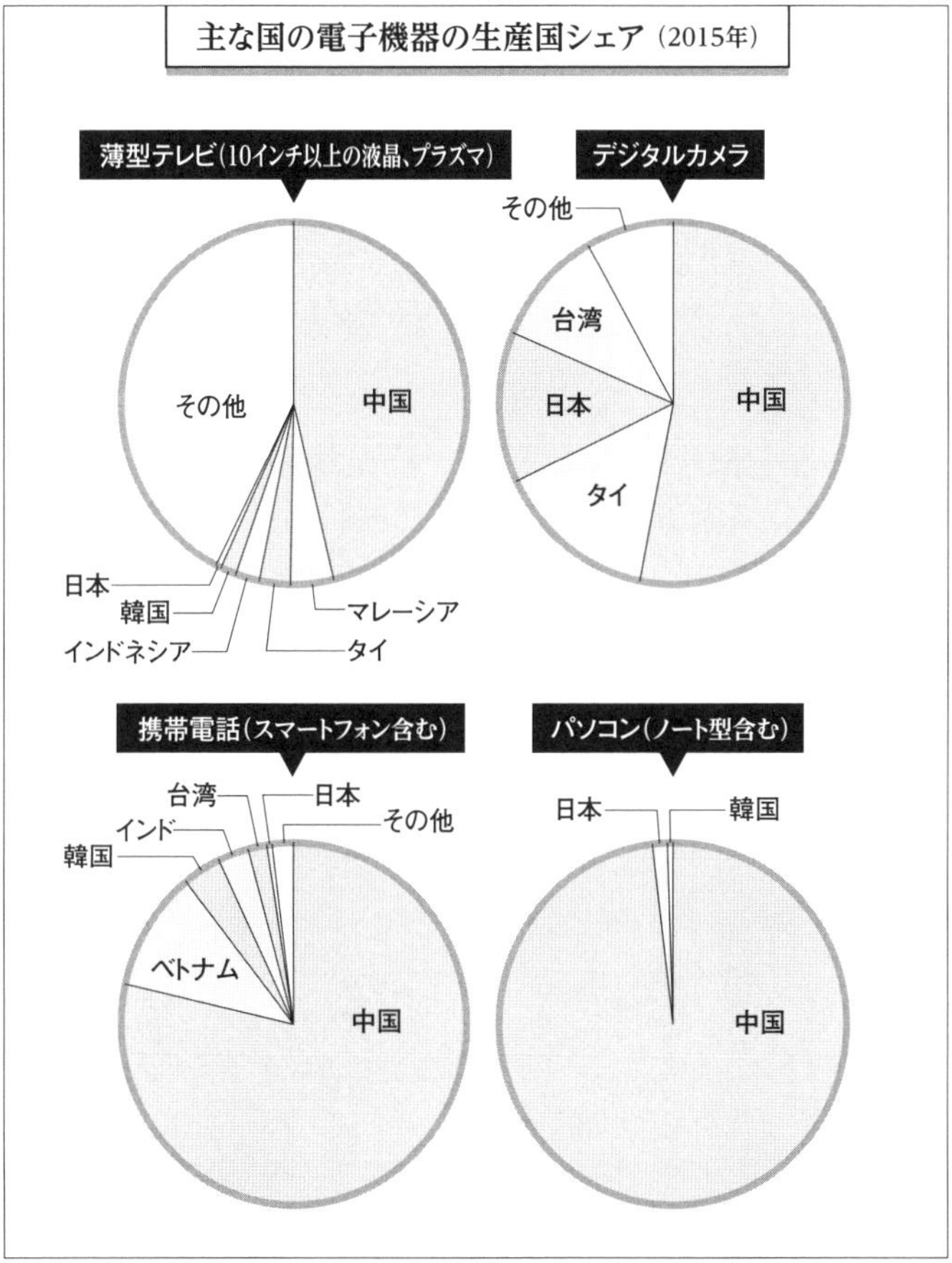

「世界国勢図会 2018 ／ 19」より作成

輸出の屋台骨「自動車産業」は大丈夫？

自動車産業は戦後日本の高度成長を支えてきた、日本を代表する「屋台骨」の産業のひとつであることは論を待ちません。その自動車産業が、平成の30年を経て、いま100年に一度という変革の時代を迎えています。

平成時代の前半を含む20世紀は、「モータリゼーション」の時代であり、消費者の間に自動車が普及し、さらにバブル期は、国産の高級車のほか輸入外国車が多く売れた時代でもありました。

バブル崩壊後は、何度か景気の浮き沈みの時期が繰り返されましたが、働く人の給料が上がらない時代になり、多くの国民の間に節約や買い控えといったデフレマインドが染みついた時代でありました。

実際、自動車の新車販売台数は、1990（平成2）年代前半には700万台前後あったのが、近年は500万台前後の状況がつづいています。加えて、ユーザーは普通乗用車よりも価格や維持費が安い軽自動車を選ぶ傾向が強まっているほか、若者の間で「車離れ」が進み、自動車を購入すること自体に消極的になっている人も多いのです。

近年は車を所有しなくても便利に使える「カーシェアリング」の普及もあり、自動車を取り巻く環境は大きく変化しています。さらに少子高齢化で日本の人口が将来減っていくなかで、このままでは車がどんどん売れない時代になる懸念も強まっています。

技術的には地球温暖化に対応するために、CO_2を極力排出しない環境に優しい車が求められています。さらに、**IoT社会**[14] **(Internet of Things)** との連携や自動運転、カーシェアなどサービスとしての利活用、電動化といった多くの要素が求められ、名実ともに100年に一度の変革期に突入しています。まさに車を起点とした、モビリティー（移動手段）の大革命が訪れていると言えましょう。自動車産業は産業全体への波及効果も大きく、日本を支えてきた産業だけに、大変革への対応は、今後の日本経済

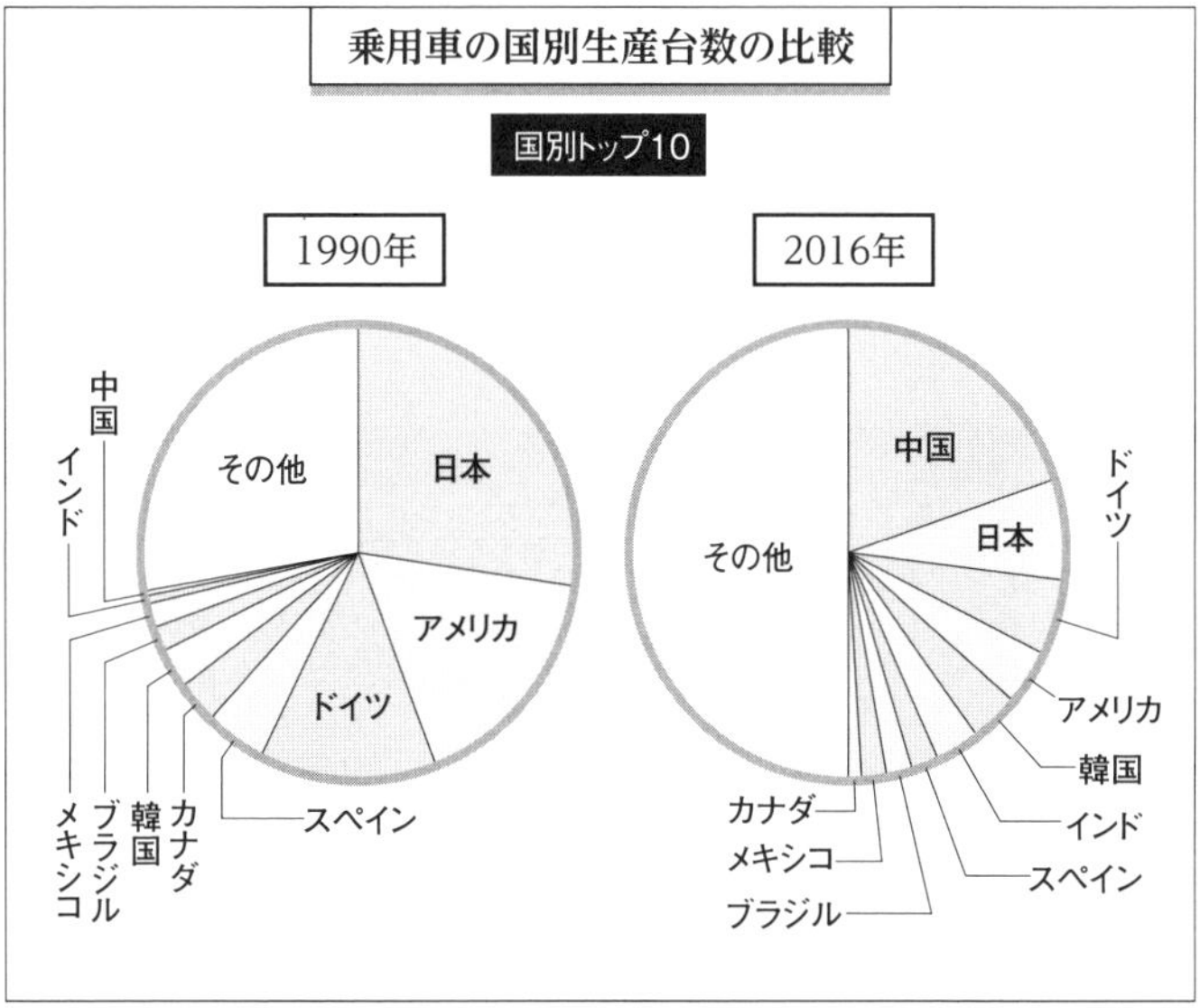

「データブック オブ・ザ・ワールド 2019 世界各国要覧と最新統計」（二宮書店）より作成

や社会に与える影響も大きいと考えられます。

電動化は近年、電池技術が急速に進化していることにより、期待が高まっています。さらなる技術革新が進めば、将来はガソリン車を上回るコストパフォーマンスも期待されることから、電池の開発技術と量産化をめぐってはさまざまな企業によるグローバルな競争が激化しているのです。

農政大変革の時代

平成の30年間は日本の農業が大きく転換を図ろうとした時代でもありました。経済のグローバル化が進み、農業分野の市場開放を迫られた結果、競争力強化を進めることが急務になりました。また耕地面積の減少や耕作放棄地の増加、食糧自給率の低下、農業従事者の減少や高齢化で生産性の向上も待ったなしの大きな課題になりました。

１９９２（平成４）年に農林水産省は、「新しい食料・農業・農村政策の方向」という指針、いわゆる「新政策」を発表しました。他産業並みの年間労働時間（１８００〜２０００時間）、他産業と遜色のない生涯所得（2億〜2億５０００万円）といった経営改革のほか、10年程度後の稲作経営の目標像として、個別経営体で10〜20ヘクタール程度、コスト水準は現在の5～6割といった内容を掲げました。平成の農業が転換期を迎えていることを示す政策文書として注目されました。

その後、農業を国民全体の問題としてとらえ直し、農業経営の法人化推進や中山間地域支援などを盛り込んだ99年制定の新農業基本法（食料・農業・農村基本法）を経て、2006（平成18）年に制定された「担い手経営安定法」など日本の農政の新しい方向性を打ち出しました。その主眼は、大規模化、効率化におかれていました。

しかし、07年7月の参院選で与党が大敗したのを受けて、それまでの方針が揺らぎ始めます。

09年に政権交代が行われると、民主党政権は公約に掲げた「農業者戸別所得補償制度」を展開しました。10年の稲作から導入されましたが、同時に当時の菅直人首相が**環太平洋経済連携協定**[15]**（TPP＝Trans-Pacific Partnership Agreement）**への参加に前向きな姿勢を表明するなど、農政の方針が定まらない印象を与えました。

12年暮れに第2次安倍政権がスタートし、農政は再び転換を模索します。政権交代前の与党での方針に回帰する面があった一方、TPP交渉に向けた対応に迫られることになりました。また成長路線を高く掲げたという側面もありました。

一方で、民主党政権時代の戸別所得補償制度は廃止したものの、農家の離反を食い止めたい与党は、飼料用のコメに対する補助金を増額するなど支援の拡充につとめ、従前の方向性とはややずれた形で政府の関与が続くことになりました。

「農協改革」で日本の農業は変われるか？

農業の改革にあたって近年話題になったのは、2016（平成28）年施行の改正農協法で動き出した「農協改革」です。

この背景には農協をとりまく環境の変化があります。農協法が制定された1947（昭和22）年当時と比べ、食料需給は不足基調から過剰基調へと変化しています。また農業者

column

門戸が広がった企業の農業参入

2009（平成21）年の農地法などの改正により、耕作放棄地などに限定せず、一般企業や非営利組織（NPO）法人などが農地を貸借することで農業に参加することが可能になりました。賃借期間の上限もそれまでの20年から50年に延長されました。

こうした流れもあって、企業やNPOの農業参入が加速しました。09年末に参加法人数は427にとどまっていたのが、17（平成29）年末には3030までに増加しています。

参加企業も農業と親和性のある食品関連産業や建設業などが含まれる一方で、NPO法人や学校法人、社会福祉法人などの新たな分野からの参入も活発になっています。

の状況も各農家の経営規模が均質だった当時とは異なり、大規模な担い手農業者と小規模兼業農家に分かれたほか、担い手となる農業者を含めた農業者のニーズに対応しなければ、地域農業の発展に結びつかなくなったからです。

農業協同組合[16]（以下農協）は農業者が自主的に設立した協同組織です。この農協がもっと自由な経済活動を行えるよう法改正し、農業者が所得向上に向けて全力投球できるようにしたのです。

地域農協に関しても、農産物販売などを積極的に行って農業者がメリットを享受できるようにするため、理事の過半数を原則として認定農業者や農産物販売のプロとすることを求める規定をおいたほか、的確な事業活動で利益を上げて、農業者への還元にあてることなどを規定しました。さらに農協は農業者に事業利用を強制してはならないことも定めました。

一方、中央会や連合会についても、地域農協の自由な経済活動を制約しないよう法改正がなされました。全国農業協同組合中央会（ＪＡ全中）は、特別認可法人から一般社団法人に移行。農協に関する全中監査の義務づけを廃止し、公認会計士監査を義務づけました。

農業政策の大きな流れ

1991年	牛肉・オレンジ輸入自由化
92年	農林水産省「新しい食料・農業・農村政策の方向」（新政策）を打ち出す
93年	ウルグアイ・ラウンド決着　コメ市場部分開放（ミニマム・アクセス）を決定
95年	新食糧法施行。食糧管理制度廃止
99年	食料・農業・農村基本法（新農業基本法）制定 食料安定供給、農業の多面的機能重視、農業経営法人など コメ関税化
2006年	担い手経営安定法の制定
09年	農地法改正 一般企業の農地賃貸借原則自由化、賃貸借期間延長など
13年	安倍首相がTPP交渉参加を表明 18年度のコメ減反廃止決定 18年度をメドに生産数量配分、減反農家への補助金廃止 「攻めの農林水産業」政策 ①国内外の農産物需要拡大②6次産業化の推進③生産現場の強化
15年	TPP交渉大筋合意
16年	農協法改正 JA全中を一般社団法人化し、指導・監督権限を廃止。地域農協や農業者の活動の自由化
17年	トランプ米大統領、TPP離脱を正式表明 TPP11大筋合意 日EU・EPA最終合意
18年	TPP11発効

都道府県中央会は、特別認可法人から自律的な組織の農協連合会に移行。全国農業協同組合連合会（ＪＡ全農）は選択により、株式会社に組織変更できる規定をおいたほか、連合会には会員農協に事業利用を強制してはいけないことなどをも決めました。

さらに政府の規制改革推進会議は、16年秋、ＪＡ全農の行う事業について、抜本改革を提言しました。提言は、全農が肥料、農機具などの資材販売から撤退し、生産者の購買計画への情報提供やノウハウ支援といったコンサルタント業務に徹するよう求めたほか、農産物の販売網を強化することも盛り込みました。流通体制の見直しを行うことで収益力を高め、真に強い日本農業をつくることが狙いでした。19年6月の規制改革推進会議の答申では、一定の進捗があったと指摘しました。今後も農協は農家のための組織という原点を忘れず、自己改革を続ける必要があるでしょう。

大型倒産が相次いだ平成の30年

平成は大型倒産が相次いだ時代でもありました。民間の信用調査会社・帝国データバンクの調べによりますと、負債１０００億円以上の大型倒産は約２５０社あり、このうち負債1兆円以上の超大型倒産は10社に上っています。戦後の大型倒産の上位30

社のうち、実に29社が平成の30年間に起きた倒産でした。

帝国データバンクによると、平成の倒産は大きく時期を前期と後期の2つに分けることができると指摘しています。前期はバブル崩壊の影響を受けた倒産、そして後期はリーマン・ショックが影響した倒産です。平成の初期は、バブル経済の恩恵によって倒産は低水準でしたが、バブル崩壊後は一転、不良債権問題が影響し、建設、流通、金融などの業界で大型倒産が相次ぎました。

後期はリーマン・ショックの影

平成の大型倒産（上位20社）

時期	社名	負債額	態様
2000年	協栄生命保険	4兆5297億円	更生特例法
2008年	リーマン・ブラザーズ証券	3兆4314億円	民事再生法
2000年	千代田生命保険	2兆9366億円	更生特例法
1998年	日本リース	2兆1803億円	会社更生法
2010年	日本航空インターナショナル	1兆5279億円	会社更生法
2010年	武富士	1兆4949億円	会社更生法
2001年	マイカル	1兆3881億円	民事再生法→会社更生法
1997年	クラウン・リーシング	1兆1874億円	破産
2017年	タカタ	1兆823億円	民事再生法
1996年	日栄ファイナンス	1兆円	商法整理
2001年	東京生命保険	9802億円	更生特例法
2000年	ライフ	9663億円	会社更生法
2000年	そごう	6891億円	民事再生法
2010年	日本振興銀行	6805億円	民事再生法
2010年	日本航空	6715億円	会社更生法
1997年	東食	6397億円	会社更正法
1997年	日本トータルファイナンス	6180億円	破産
1998年	たくぎん保証	6100億円	破産
1996年	末野興産	6000億円	破産→会社更生法
1993年	村本建設	5900億円	会社更生法

（帝国データバンク資料より作成）

響を受けて建設・不動産関連の業種で倒産が増えたほか、日本航空インターナショナル（航空）、タカタ（エアバッグ大手）などの大型倒産も目をひきました。

平成時代の倒産の特徴は大型化のほか、裁判所の監督の下で、法律的な手続きに則って行われる「法的整理」へのシフトが増えたことも昭和時代との大きな違いだったといえます。昭和時代は裁判手続によらず、債権者との協議によって会社の整理を行ういわゆる「私的（任意）整理」が主流でしたが、平成から現在までの間に法的整理による倒産処理が大半を占めるようになりました。

用語解説

⑫98シリーズ
１９８０年代から90年代を中心にＮＥＣが販売していたパソコンシリーズの名称。当時、国内では圧倒的なシェアを誇っていたため「国民機」とも呼ばれた。

⑬iモード
ＮＴＴドコモが提供する、携帯電話対応のインターネットサービス。電子メールの送受信や音楽やゲームのコンテンツのダウンロードなどのサービスが利用できる。２０１９（令和元）年９月末をもって新規申し込み受け付けを終了する。

⑭ＩoＴ社会

モノのインターネット（Internet of Things：IoT）が広がる社会のこと。自動車など乗り物や、テレビ、冷蔵庫などの家電などあらゆるモノがインターネットにつながり、さまざまな情報やデータを送受信することで新しい価値が生みだされる社会が到来しつつある。

⑮環太平洋経済連携協定（ＴＰＰ）

太平洋沿いに位置する日本、オーストラリア、シンガポール、チリなど11カ国が参加し、関税の撤廃・削減や投資の自由化などを行う広域の自由貿易協定のこと。ＴＰＰは英語表記「Trans-Pacific Partnership」の略。当初、アメリカを含む12カ国での締結をめざしたが、アメリカのトランプ大統領がＴＰＰからの永久離脱を表明した。このため、残る11カ国は、もともとのＴＰＰ交渉でアメリカが示した要求事項を凍結するなどの調整を行ったうえで、２０１８（平成30）年３月にＴＰＰ11に署名、同年12月30日に発効した。域内人口が約５億人の巨大な経済圏となる。高い自由化水準が特徴で、「21世紀型の新ルール」と称されている。

⑯農業協同組合

農業者によって組織された協同組合。農業生産力の増進と農業者の経済的・社会的地位の向上を図るための協同組織とされている。１９９２（平成４）年より愛称をＪＡ（Japan Agricultural Cooperatives の略）としている。正組合員と准組合員を構成員としている。２０１９（平成31）年４月１日現在の総合農協の数は全国で６３４。現在、約１０００万の組合員を持つ。

第6章

質的変化をとげた「貿易立国」日本の実像をチェックする！

——日米貿易摩擦からＴＰＰ、米中貿易戦争まで

「貿易立国」日本の歩み

日本は中国、アメリカ、ドイツに次ぐ世界４位の貿易大国です。戦後から長らく日本は貿易立国として経済発展をとげてきましたが、平成時代はそれが質的に大きく変化した時代だったといえます。

昭和から平成に移行する前後の時期はアメリカとの貿易摩擦に翻弄された時代でした。アメリカの相対的な地位の低下によって、アメリカの対外収支は１９６０（昭和35）年代から悪化し、70年代には赤字傾向が定着しました。一方で日本は、アメリカとは対照的に、60年代末から対外収支が黒字基調に転じ、貿易収支の黒字が拡大の一

途をたどりました。その結果、日米間での貿易摩擦が激しくなり、貿易をめぐって両国は対立するようになります。摩擦は平成以前の昭和時代から始まっているものも多く、日米間で摩擦解消に向け、度重なる激しいやりとりが展開されました。

戦後日本の貿易は、原材料・素材加工型製品や軽工業・雑貨品の輸出が中心でしたが、60年代に入ると、鉄鋼、船舶などの重化学工業が発展し、いわゆる重厚長大型の製品が主力の輸出品になりました。さらに70～80年代は日本の競争力が飛躍的に強まり、電子・電気機器、輸送機器、精密機器など加工組み立て型製品の輸出が急増しました。この結果、貿易摩擦が継続的に起きるようになり、摩擦回避のため、日本メーカーの海外進出や現地生産が加速しました。90年代になると自動車やＩＴ（情報技術）などハイテク製品をめぐる競争へと変化していきました。

その後、日本のバブル崩壊で輸出が縮小すると、貿易摩擦への圧力は減少しましたが、今度は新興国の台頭などが新たな波乱要因として浮上してきました。

輸出額と輸入額を合計した日本の貿易額は、40年前と比べて約4倍に増えています。２０１０（平成22）年までの過去30年間は輸出額が輸入額を上回り、貿易額は07年に輸出額で過去最高となりました。その後はリーマン・ショックや東日本大震災、アジア大洪水、日中関係の冷え込みなどの影響で、11年に貿易収支が31年ぶりに赤字になりました。その後、資源価格の上昇で輸入が増える一方、輸出は伸びず、15年まで連続して赤字が続くことになります。

16年には資源価格が下落するなどの影響で、6年ぶりに貿易黒字に転換。その後は黒字が維持されています。

現在の日本の主力輸出品は自動車や自動車部品のほか、半導体などの電子部品、鉄鋼などがあげられます。自動車の輸出先はアメリカが最も多く、半導体などの電子部品は、中国、香港、韓国など。鉄鋼の輸出は中国、タイ、韓国などが多く

column

日米経済摩擦の歴史

日本の経済成長にともなって対米輸出が急増した結果、アメリカの対日貿易赤字は拡大し、アメリカはそれにいらだちを募らせるようになってきました。昭和の時代には繊維、鉄鋼、カラーテレビ、自動車などの工業製品から牛肉、オレンジ、工作機械、半導体なども貿易摩擦の対象になりました。これに対して、日本は関税削減や輸出自主規制などで摩擦解消に対応してきました。しかしアメリカは、一方的に不公正貿易国を認定して制裁を科す「スーパー301条」が1988（昭和63）年に議会で成立。日本の経済構造自体が不公正だとするアメリカ側の要求によって、日米構造協議が89年から90年にかけて行われました。93年からは日米包括経済協議として引き継がれ、個別分野や構造問題について多岐にわたる協議が行われました。

なっています。

新興国が世界貿易のプレーヤーとして台頭

2000（平成12）年代に入ると、新興国が世界貿易のプレーヤーとして台頭してきます。その代表は中国です。21世紀に入って一段と進展したグローバル化の特徴としてあげられます。

新興国の台頭が世界経済に及ぼしたインパクトは大きく、後述する**自由貿易協定**[17]**（FTA＝Free Trade Agreement）**の拡大などの流れも、新興国の貿易面での存在感の高まりから生まれてきたといえます。

00年代の後半になると、中国、南米、ロシアといった国々の経済力が伸長を見せてきま

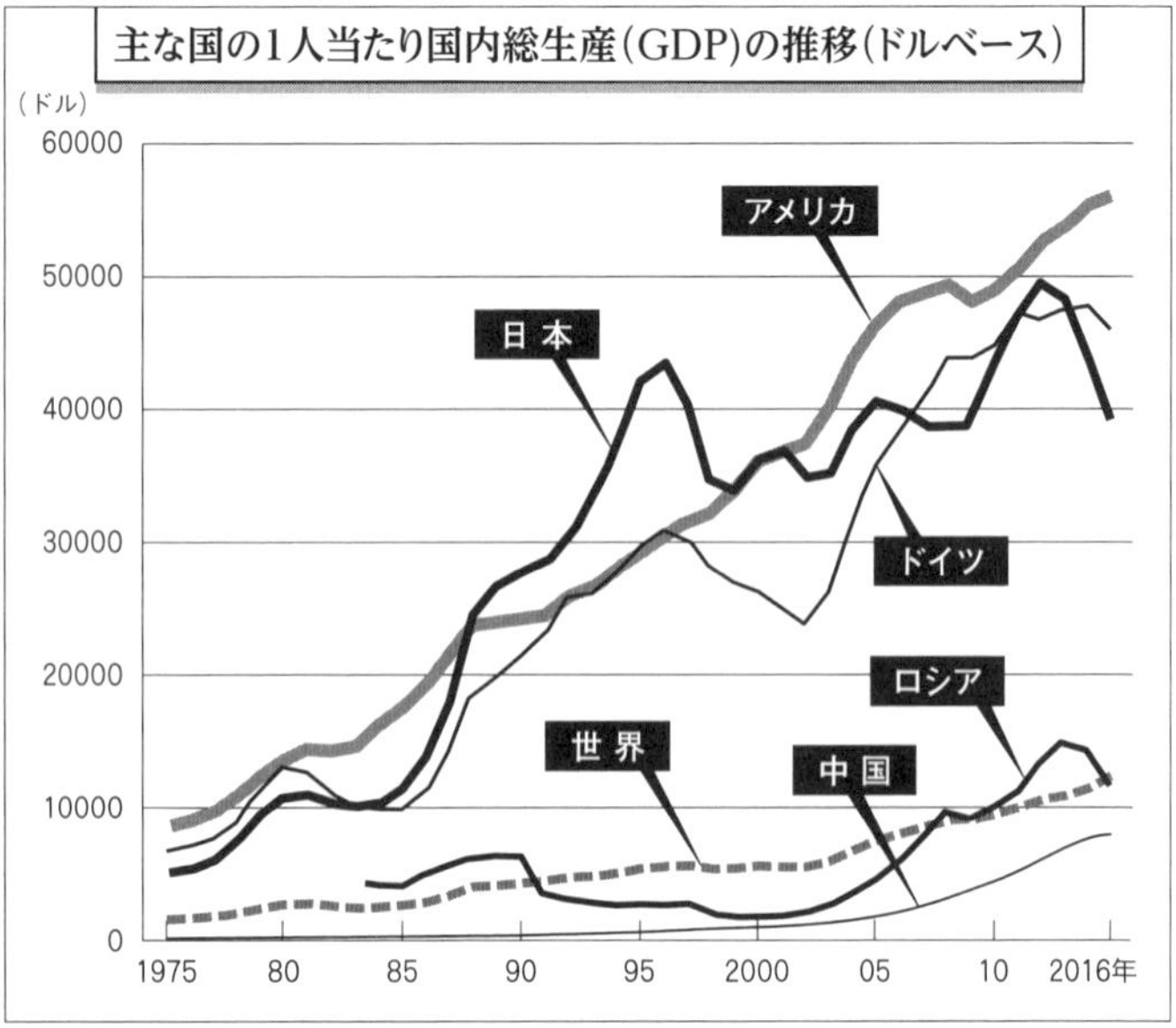

世界銀行データより作成

す。00年代前半まで世界の名目ＧＤＰに占める先進国のシェアは80％前後ありましたが、新興国に追い上げられた結果、その比率はどんどん低下しました。08年秋のリーマン・ショック後の先進国経済の落ち込みも影響しています。こうしたなか、２０１０年の日本のＧＤＰが中国に抜かれ、世界第3位となったことは、この時代の大きな特徴といえるでしょう。

自由貿易協定（ＦＴＡ）のメリット、デメリット

２０００（平成12）年代のグローバル化の特徴として、ＦＴＡが急増したことが貿易面での大きな特徴といえます。

世界の貿易はマルチ（多国間）をめざして**世界貿易機関**[18]（**ＷＴＯ**）による自由化が当初、目標となっていましたが、各国間の利害対立によってその交渉が難航し、なかなか進まない現実を受けて、ＦＴＡにかじを切っている側面が強くあります。

マルチを重視していた日本はＦＴＡの流れにやや出遅れた面があり

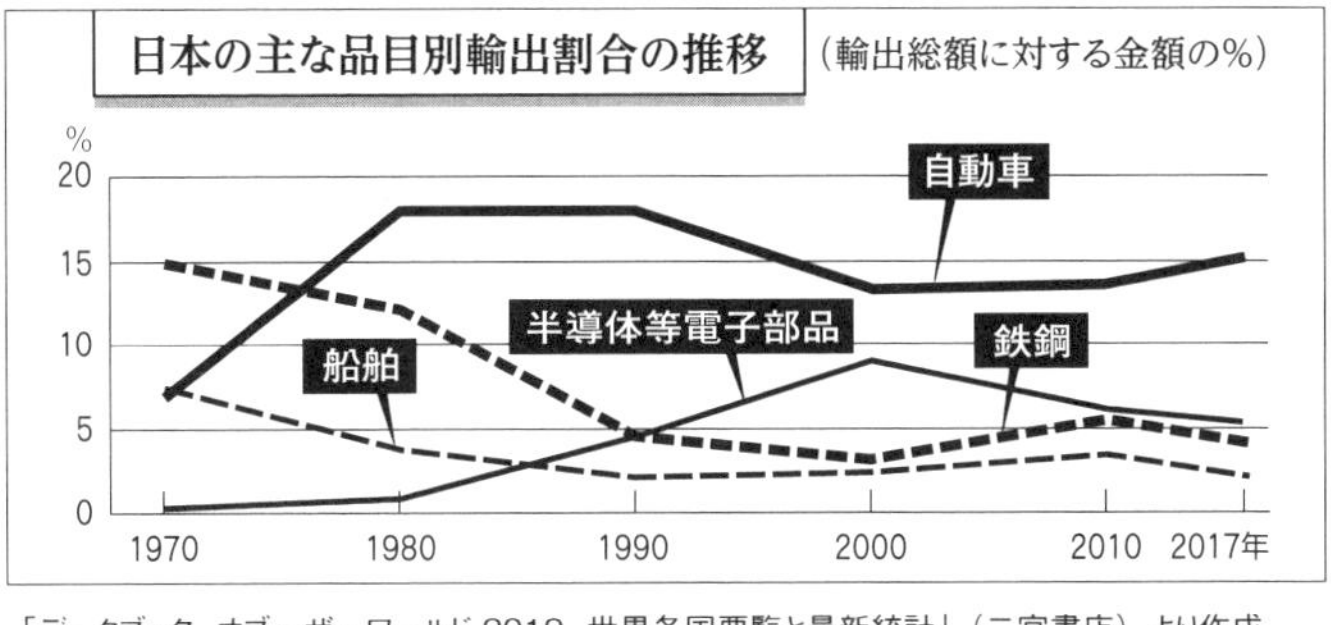

「データブック オブ・ザ・ワールド 2019 世界各国要覧と最新統計」（二宮書店）より作成

ますが、投資や知的財産関連など幅広い分野での2国間関係を強化することを狙い、**経済連携協定**[17]**（ＥＰＡ＝Economic Partnership Agreement）**の形での協定締結に努めてきたという経緯があります。

ただＦＴＡは、協定を結んでいる国同士は良いですが、結んでいない国との貿易を縮小させる可能性があるほか、その国の原産品であることを認定するための基準や税関への証明・申告手続などいわゆる「原産地規則」の煩雑さが貿易の効率性をそぐおそれも指摘されています。それゆえに、グローバル化のメリットを取り込むためには、本来はＷＴＯを補完することが期待されています。

ＴＰＰ11発効で「5億人」の自由貿易地域が出現

平成時代の後半に話題になったのが環太平洋経済連携協定（ＴＰＰ）です。日本は自由貿易の旗手としてＴＰＰを重視してきました。難交渉の末、２０１８（平成30）年12月30日にアメリカ抜きで、11カ国が参加して環太平洋経済連携協定（ＴＰＰ11）が発効しました。域内の人口約5億人、国内総生産（ＧＤＰ）の合計約10兆ドル、貿易総額が約5兆ドルの自由貿易地域ができたことになります。

本来はアメリカも含めた12カ国での合意が15年10月に成立し、翌16年2月には署名も行われました。ところがアメリカのトランプ大統領は17年1月に大統領選挙での公約どおりTPP離脱の大統領覚書を発出し、TPPから脱退しました。

TPPは当面11

column

日本の輸出入相手国（金額ベース）

日本の輸出相手国（地域）トップ５	日本の輸入相手国トップ５
①　中国	①　中国
②　アメリカ	②　アメリカ
③　韓国	③　オーストラリア
④　台湾	④　サウジアラビア
⑤　香港	⑤　韓国

日本の輸出相手国については、2008（平成20）年までの半世紀あまりはアメリカが１位でしたが、リーマン・ショックによる金融危機で世界的な景気悪化が起きてアメリカの需要が落ち込み、09年から中国が日本の最大輸出国になりました。その後13年からアメリカが首位になりましたが、2018年は再び中国がトップに返り咲きました。

一方の輸入相手国のトップは02年から中国が１位を占めています。国際的に価格競争力を強める目的で、日本企業が当時まだ賃金の安かった中国に工場を建てて現地生産を行った上で日本に輸出する生産体制をとり、加工貿易が増えたためです。韓国、台湾、香港、タイなどでも同様の形態をとるために、アジアの国・地域が上位に位置しています。

（2018年、財務省、日本貿易会資料より作成）

カ国になったわけですが、貿易と投資に大きく依存する日本経済にとっては極めて重要な意味を持ちます。トランプ政権下で貿易の保護主義的傾向が強まるなか、TPP11が発効し、さらに[19]**日EU・経済連携協定（EPA）**も19年2月1日に発効したことは、自由で開放的な国際貿易体制を維持するうえで大きな意義があるといえます。

TPPは市場アクセスをより高く実現するとともに、21世紀の新たな貿易政策を進めるためのさまざまなルールづくりを行っています。今後は加盟国の拡大や、アメリカにTPPへの復帰を粘り強く促すことなどが課題といえます。さらに、将来、中国をこの枠組みに組み入れるかどうかも課題

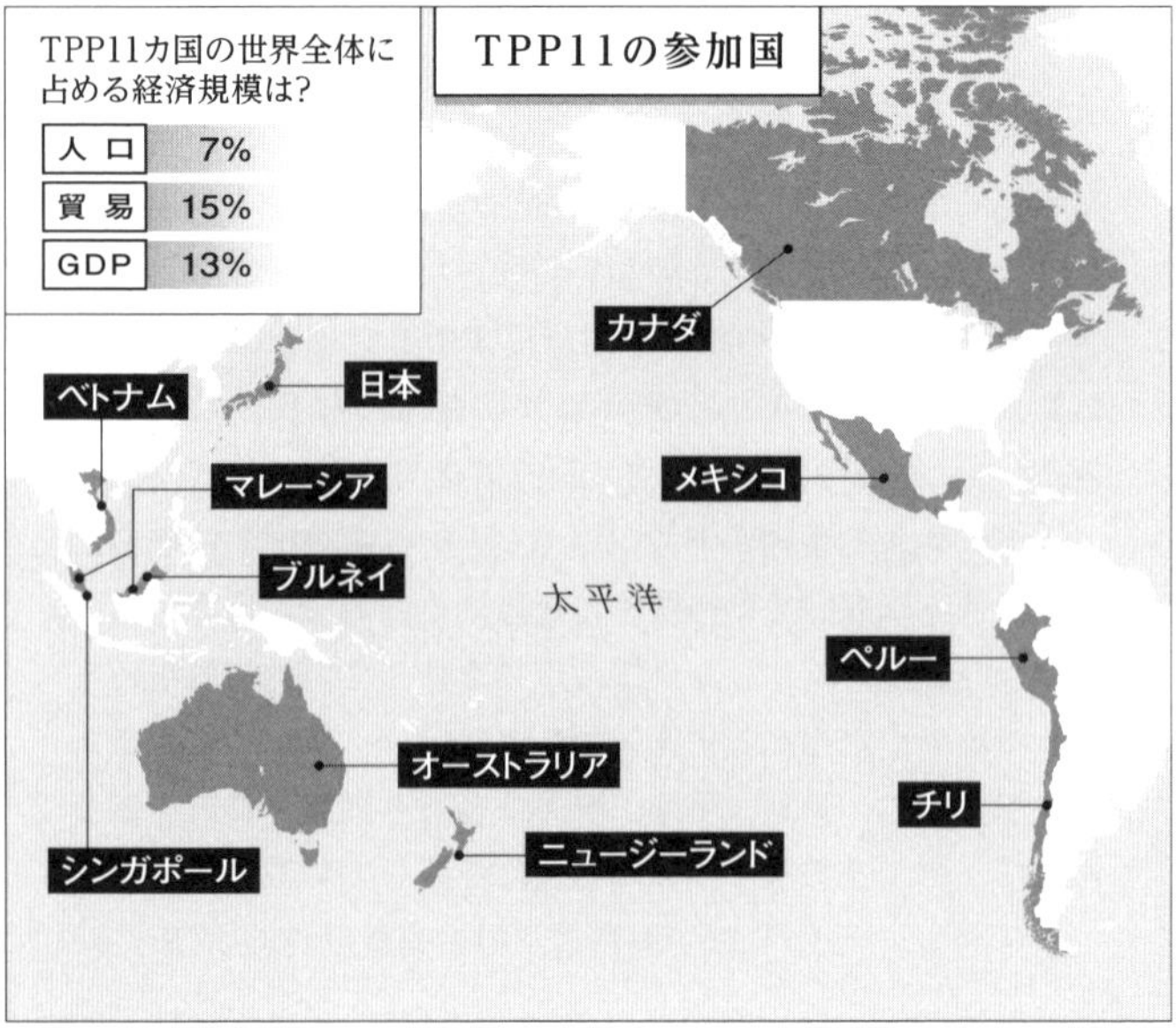

経済産業省資料などから作成

といえますが、米中両国が対立している現状ではなかなか厳しい状況です。またアメリカの復帰もトランプ政権が続く間は難しいでしょう。

米中貿易戦争で日本はどうなる？

アメリカは中国が米国企業の知的財産権を侵害しているとして、2018（平成30）年7月から9月にかけて、中国からの輸入品あわせて2500億ドル分に対して10％の関税を25％に上乗せする一方的な制裁措置を発動しています。

これに対して中国側もアメリカからの輸入品約1100億ドル分に関税を上乗せする対抗措置をとり、米中は「貿易戦争」ともいえる状態に陥っています。世界の大国同士が貿易をめぐって激しく対立しているのです。

この結果、アメリカや中国の輸出企業は、輸出する製品に高い関税がかけられるので、最終的な値段は高くなります。

世界の貿易をめぐる動き

1948年	世界貿易機関（WTO）の前身、GATT発効
55年	日本がGATT加盟
94年	WTO設立協定の最終合意
95年	WTO発足
2001年	中国がWTOに加盟
12年	ロシアがWTOに加盟
15年	TPPが大筋合意
17年	アメリカでトランプ政権発足（1月）
18年	TPP11発効（アメリカは参加せず）

この結果、モノが売れなくなり、打撃を受けています。特に影響が大きいのは中国沿岸部の輸出企業とみられています。実はその余波は日本にも及んでいます。中国企業のアメリカ向け輸出が縮小しているために、そうした企業に原料などを輸出していた日本の企業も受注が減るなどの影響が出ているからです。

米中の貿易をめぐる対立で中国経済の先行きに悪影響が出てくるとの見方から、日本からの投資を手控える傾向も強まっています。世界経済全体への影響も広がりかねないことから、アメリカの中央銀行にあたる米連邦準備制度理事会（ＦＲＢ）は、19年3月、当面利上げを行わない方針を示しました。その後はＦＲＢによる利下げ観測も徐々に高まっており、アメリカの金融政策にも米中の貿易戦争が影響しています。

当の中国は、19年3月の全国人民代表大会で当面の経済成長率を６％台前半としました。習近平政権はアメリカとの貿易戦争をにらんで経済への影響を防ごうと対応策をとっており、減税や輸入企業への優遇策などを実施しています。

米中協議は新展開見せるか

ただ、米中両政府は事態打開のために、２０１９（平成31）年1月以降、何度も閣僚級協議を行うなど、交渉のテーブルについています。これまで米通商代表部（USTR）のライトハイザー代表、ムニューシン米財務長官が中国の劉鶴《リウフォー》副首相らとの詰めの協議を行ってきました。しかしトランプ大統領が、中国が約束を守らないとして、同年5月10日に2000億ドル（約22兆円）分の中国製品に対する制裁関税をそれまでの10％から25％に引き上げました。これに対して中国政府も6月1日に対米報復関税を拡大しました。

ただ、米中関係が新展開する可能性も出てきました。

6月下旬に大阪市で開かれたG20（主要20カ国・地域）首脳会議のタイミングでトランプ大統領と習近平国家主席が米中首脳会談を行い、5月から中断していた貿易協議を再開することに合意して、アメリカが当面、追加の制裁関税の発動を行わない考えを示しました。世界経済の行方を左右する二大経済大国の首脳の話し合いが決裂することは避けられましたが、米中間のへだたりは依然として大きく、今後の交渉は長期化することも予想されます。

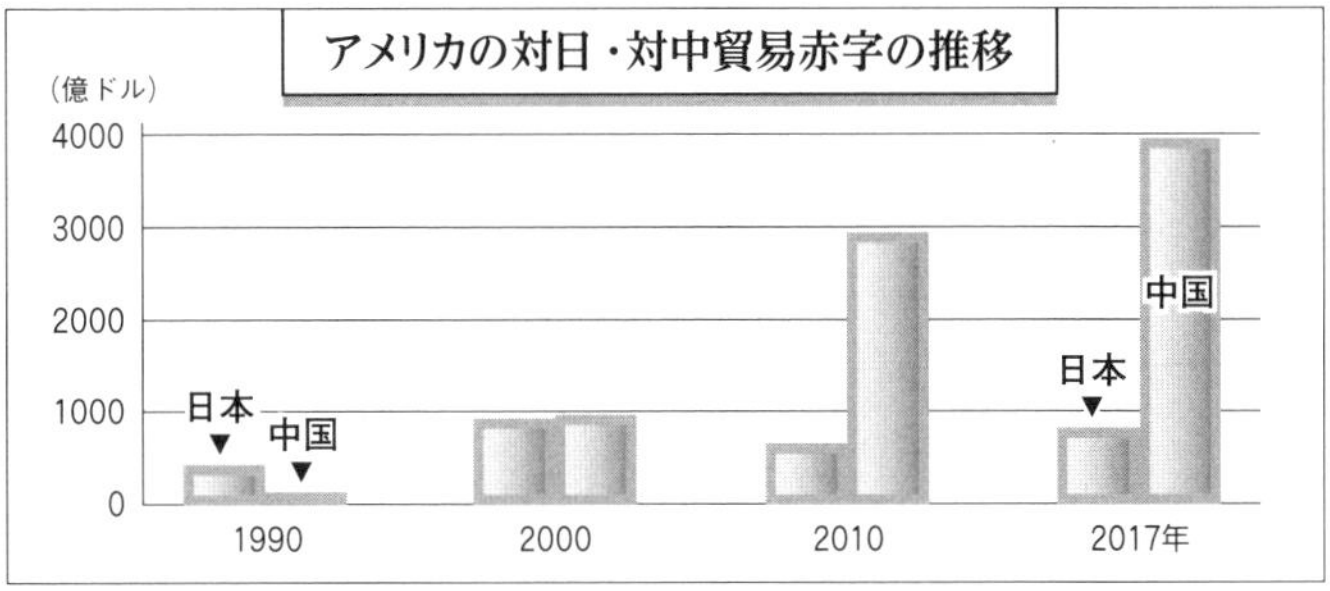

「データブック オブ・ザ・ワールド 2019 世界各国要覧と最新統計」（二宮書店）より作成

用語解説

⑰ＦＴＡとＥＰＡ

自由貿易協定＝ＦＴＡ（Free Trade Agreement）と経済連携協定＝ＥＰＡ（Economic Partnership Agreement）は、いずれも特定の国や地域同士での貿易や投資を促進するための約束・合意をさす。ＦＴＡが関税の撤廃・削減を定めるのに対し、ＥＰＡには、関税だけでなく知的財産の保護や投資ルールの整備なども含む。日本は、シンガポールとのＥＰＡが初の発効（２００２年）となり、現在、世界全体で３００近くの協定が結ばれている。

⑱ＷＴＯ（世界貿易機関）

貿易に関する様々な国際ルールを定める世界貿易機関で、World Trade Organization の略称。１９９５（平成７）年に設立された。本部はスイス・ジュネーブ。１６４の国と地域（２０１９年7月現在）が加盟する。全会一致を意思決定の原則にしているため、先進国と途上国が対立して意見がまとまらないケースも多く、２００１（平成13）年から開始した交渉は、停滞している。

⑲日ＥＵ・経済連携協定

２０１９（平成31）年2月1日に発効した日本と欧州連合（ＥＵ）の間の経済連携協定（ＥＰＡ）。日本とＥＵの人口は合わせて約６・4億人、国内総生産（ＧＤＰ）で世界の約３割を占める巨大な自由貿易圏の誕生となる。日欧ＥＰＡでは、全輸入品のうち、日本側が約94％、ＥＵ側が約99％の関税を撤廃する。

第7章 「石油依存」から変われるか？日本のエネルギー事情

――東日本大震災のインパクト「電力自由化」「脱炭素」はどうなる？

エネルギー政策の流れを変えた東日本大震災

戦後日本の経済発展は、石油を中心とした化石燃料のエネルギー源に依存してきました。高度経済成長には石油が欠かせず、その9割以上を中東など海外からの輸入に依存してきたのです。高度成長期には安価で手に入れられた石油ですが、2度にわたったオイルショックの経験から、安定的な調達や効率的なエネルギー利用に国と産業界が一体となって取り組んできました。

そうしたなかで、昭和の時代から政府・民間で推進してきたのが原子力政策でした。平成までに日本各地に原子力発電所（以下原発）が建設され、2011（平成23）年3

月11日の東日本大震災まで定期点検中のものを含めて全国で54基が稼働していました。

当時は世界的にも、CO_2を排出しないクリーンなエネルギー源として、地球環境問題への原子力発電の有効性が評価され、「原子力ルネサンス」とも呼ばれていました。

しかし東日本大震災の津波の影響で[20]**福島第一原発**が甚大な事故を起こして以降、それまでの「安全神話」が崩壊し、国民の間でも原子力発電に対する信頼が大きく低下したため、政府は原子力政策を転換せざるをえない状況に陥りました。

民主党政権下では、30年に原発稼働ゼロをめざすために、①原発の40年運転制限を厳格に適用する、②国の原子力委員会が安全を確

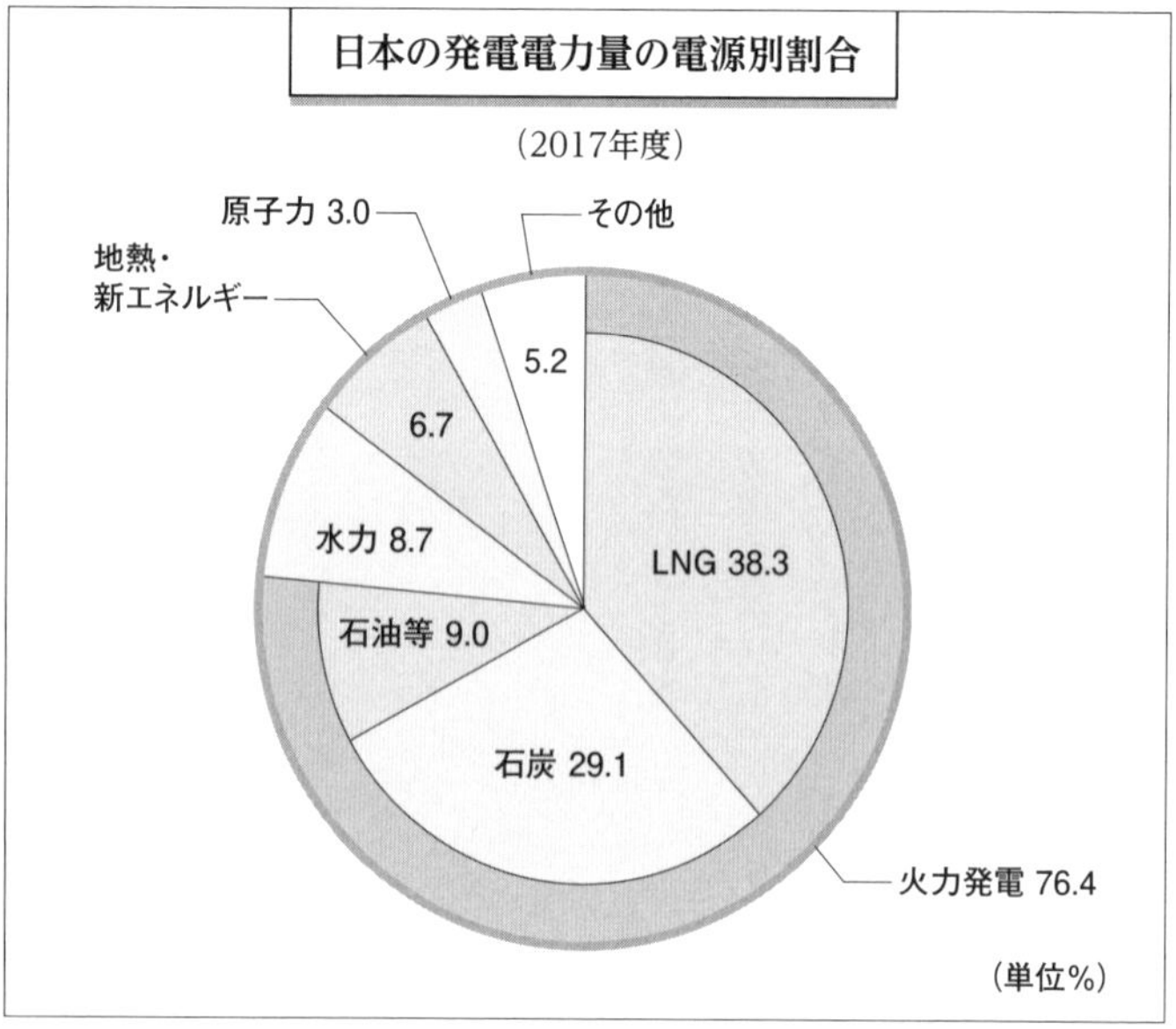

電気事業連合会資料などから作成

認した原発のみを再稼働させる、③原発の新設・増設は行わない――の3原則が12年にまとめられた「革新的エネルギー・環境戦略」に盛り込まれました。脱原発をめざす方向での議論でした。

その後、政権交代で第2次安倍政権が誕生すると、原発政策は再び変化します。14年4月に閣議決定した「第4次エネルギー基本計画」は、原子力活用を再確認する方向となりました。主要な柱は、①原子力発電を主要なベースロード電源とする、②原発依存は低下させるものの、原子力規制委員会の安全性の判断をもとに再稼働を進める、③再生可能エネルギーの導入は積極的に推進する――としています。

東日本大震災後の原発政策

東京電力福島第一原発の事故は地元の福島県やその周辺地域に深刻な被害をもたらしました。電力会社のみならず、政府も「安全神話」にとらわれて、深刻な事態を防ぐことができなかったことへの反省から、前述の「第4次エネルギー基本計画」では、「原発依存度を可能な限り低減すること」「安全を最優先した上で再稼働する」ことなどを盛り込んでいます。

こうした動きと並行して、使用済み燃料対策、福島復興と廃炉・汚染水対策、といった他の多くの課題についても政府は、原子力関係閣僚会議、最終処分関係閣僚会議を開催するなど、それぞれの組織が一体となって解決を図っていく姿勢を明確にしています。

２０１２（平成24）年９月には、福島第一原発事故を踏まえ、原子力利用の推進と規制を分離し、原子力安全に関する規制を一元化した上で、専門的な知見にもとづき中立公正な立場から原子力安全規制に関する職務にあたる原子力規制委員会が設置されました。こうしたなか、東日本大震災後に一度全ての原発が停止して以来、再稼働を果たした原発は19年７月８日現在で９基。廃炉を決定済み・検討中のものは24基に上っています。

「電力自由化」が生んだビジネス・チャンス

電力会社に関して平成時代に特徴的だったのは、各地の地域電力会社がこれまで事実上独占していた電力市場が完全に自由化されたことです。

全国に10社ある地域電力会社は、発電部門と送電部門の両方の部門を所有する地域独占企業として、長年にわたりさまざまな影響力を及ぼしてきました。他の業界では異業種による新規参入などは普通にある光景ですが、電力業界に関してはそれがほとんどなかったという意味で、独特のビジネスだったともいえます。しかし、平成以降は、電力事業にも競争原理の導入や、コスト意識の徹底など経営の合理化が求められるようになり、政府主導で電力小売りの自由化が段階的に行われてきました。

まず手始めに、１９９５（平成７）年には、電力会社に電力を売る独立系発電事業者（ＩＰＰ）の参入を認めました。その後、２０００（平成12）年３月には、大規模な需要家向けに、特定規模電気事業者（ＰＰＳ＝新電力）と呼ばれる企業の電力小売りが自由化されました。さらにその後、中規模需要者に対する電力小売りの自由化も認められるなど、自由化はステップを踏んで慎重に進められました。

最終的に、14年６月に改正電気事業法が成立し、16年４月から、一般家庭や商店など小口需要家も含めて、電力小売りが全面自由化され、戦後約60年つづいた電力大手による独占的な電力販売体制に終止符が打たれました。現在は、自由化の仕上げとして、政府は発電部門と送電部門を分離させる「発送電分離」を20年４月の実施を目標に電力改革を進めています。

さらに、電力の小売り自由化から1年遅れで、17年4月からは都市ガスの小売りも全面的に自由化されました。事業者が健全な競争を行うことで、より安価なエネルギーを提供し、消費者は自由に供給先を選べる時代になったのです。都市ガスについても、首都圏や近畿圏を中心に活発な競争が起きています。

ＩＴ技術の進展とともに、電力ビジネスにイノベーションが起きているのもこれまでになかった特徴だといえます。新たな技術は、**スマートメーター**[21]や**スマートハウス**[22]などに活用され、より効率的で便利なエネルギー消費のスタイル確立に向けて、関連事業者による新たな技術開発や新製品開発などが進んでいるのです。

石油関連事業の規制緩和と再編

石油産業も平成時代に大きく変化した産業分野です。ひと言で表現すると、規制緩和と業界再編の歴史だったといえます。

石油産業に対する規制は、１９６２（昭和37）年7月に制定された「石油業法」を基本法として、安定供給を最優先に進められました。その後、「石油備蓄法」、「揮発油販売業法（揮販法）」、「特定石油製品輸入暫定措置法（特石法）」などの各種の法律が制定され、石油の輸入や生産、販売にいたるまで広範な規制が行われました。

しかし、経済の国際化に合わせて石油関連の規制改革が段階的に進み、96年3月の特石法廃止により、石油製品の輸入が自由化されました。さらに、2001（平成13）年12月末の石油業法廃止（需給調整規制の廃止）によって、石油産業は完全に自由化されました。

欧米などの巨大エネルギー企業の再編の流れや、国内石油業界の競争激化などを背景に、日本の石油産業においても、石油精製・元売り会社の再編に

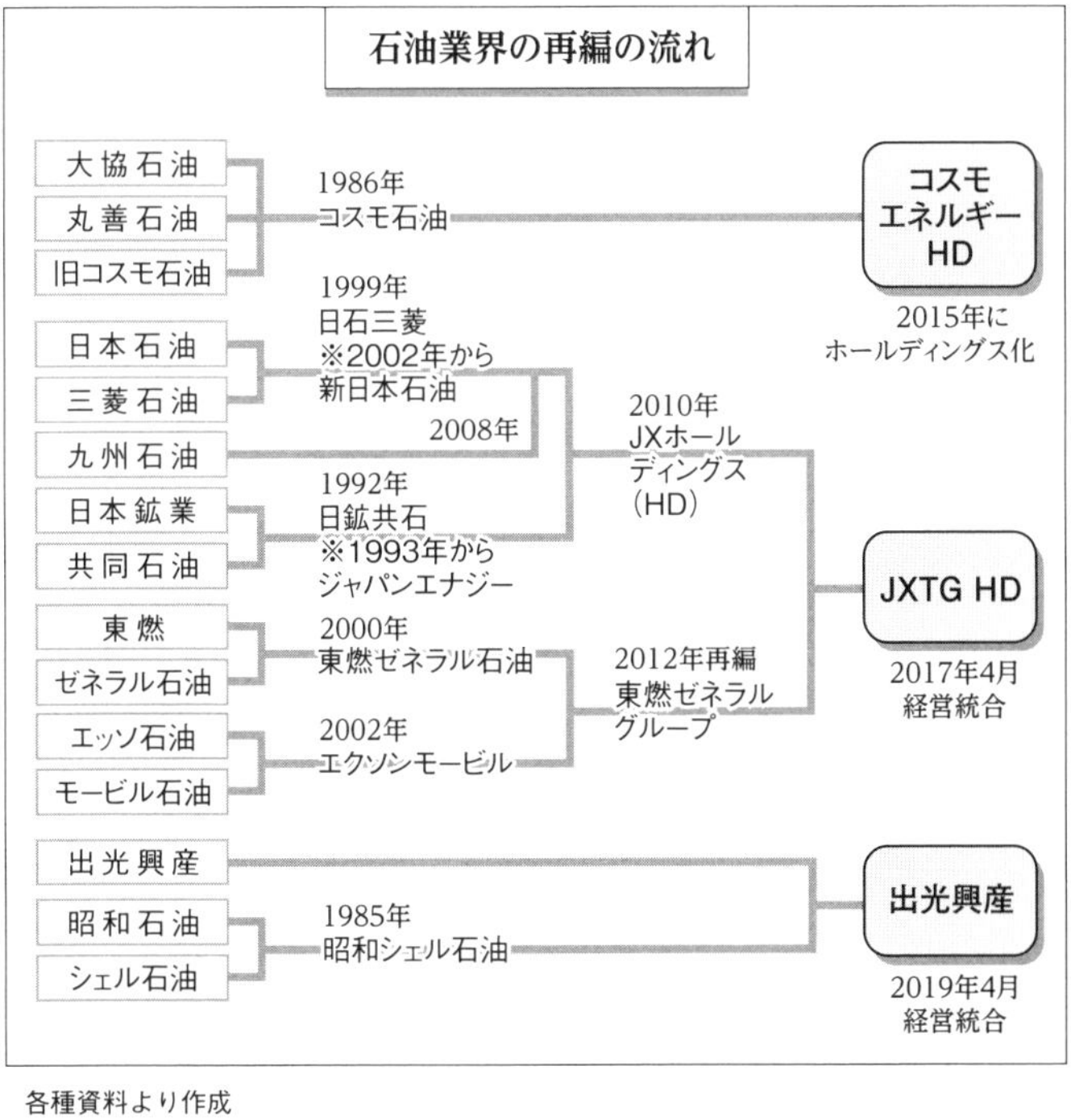

各種資料より作成

向けた動きが活発化したのも特徴です。近年は99年の日本石油と三菱石油の合併に代表されるように、大規模かつ急速に再編が進んだといえます。

02年にはエクソンモービルグループ各社が合併・再編されたほか、08年には新日本石油が九州石油と合併。さらに10年にはそれまで石油開発などの上流部門から精製、物流など広範囲に業務提携していたジャパンエナジーと経営統合してJX日鉱日石エネルギーが発足するなど、一段の合理化・効率化が進みました。

また、12年、エクソンモービルグループから保有株を取得し、東燃ゼネラル石油を中心とする東燃ゼネラルグループが生まれました。

15年には、製品供給や物流の効率化による競争力強化を図るため、出光興産と昭和シェル石油、JX日鉱日石エネルギー（16年1月にJXエネルギーに商号変更）と東燃ゼネラル石油がそれぞれ経営統合に向けて基本合意したことを発表しました。17年4月にJXエネルギーと東燃ゼネラル石油の統合会社であるJXTGエネルギーが発足したほか、19年4月には出光興産と昭和シェル石油が統合し、国内2位の石油元売り会社が誕生するなど、業界再編の動きが続いています。（本項、石油連盟の資料をもと

に構成）

省エネルギーの流れ

東日本大震災以降、原発の稼働停止によって、わが国のエネルギー供給は大きな影響を受けました。火力発電に使うため、海外からの化石燃料の輸入が急増し、燃料費がかさむようになりました。これにともなって電気料金が上昇したほか、CO_2排出量の増加など、エネルギーを巡る多くの課題にも直面しました。このため、安定的で社会的に負担の少ないエネルギー供給をどう行うべきかの方策が検討されました。

省エネについては、エネルギー消費効率の向上のほか、蓄電池やエネルギー管理システムの活用など、需要側からの電力ピーク対策が重要となりました。そこで、政府は２０１３（平成25）年に省エネ法を改正し、電力使用のピーク時間帯における使用量を低減する取り組みを適正に評価できる措置（電気需要平準化に関する措置）を新たに導入するなどの措置を講じました。

また、民間部門の省エネ対策を一層進めるため、「トップランナー制度」（市場に出回っている同じ種類の製品の中で、最も優れている製品の性能レベルを基準にして、どの製品もその基準以上をめざすこと）の対象を建築材料にも拡大しました。

さらに第４次エネルギー基本計画では、部門ごとに効果的な方法によって省エネへの取り組みをさらに加速し、より合理的なエネルギー需給構造の実現と、温室効果ガスの排出抑制を同時に進める方向などについても確認しています。

16年には、30年度までの野心的な省エネ見通しの実現に向けて、「技術の革新」「プレーヤーの革新」「仕組みの革新」を新たな視点として、省エネ、再エネを一体的に整備する「エネルギー革新戦略」を策定しました。省エネは、オイルショック当時から、日本が世界の模範になる得意分野でありましたが、東

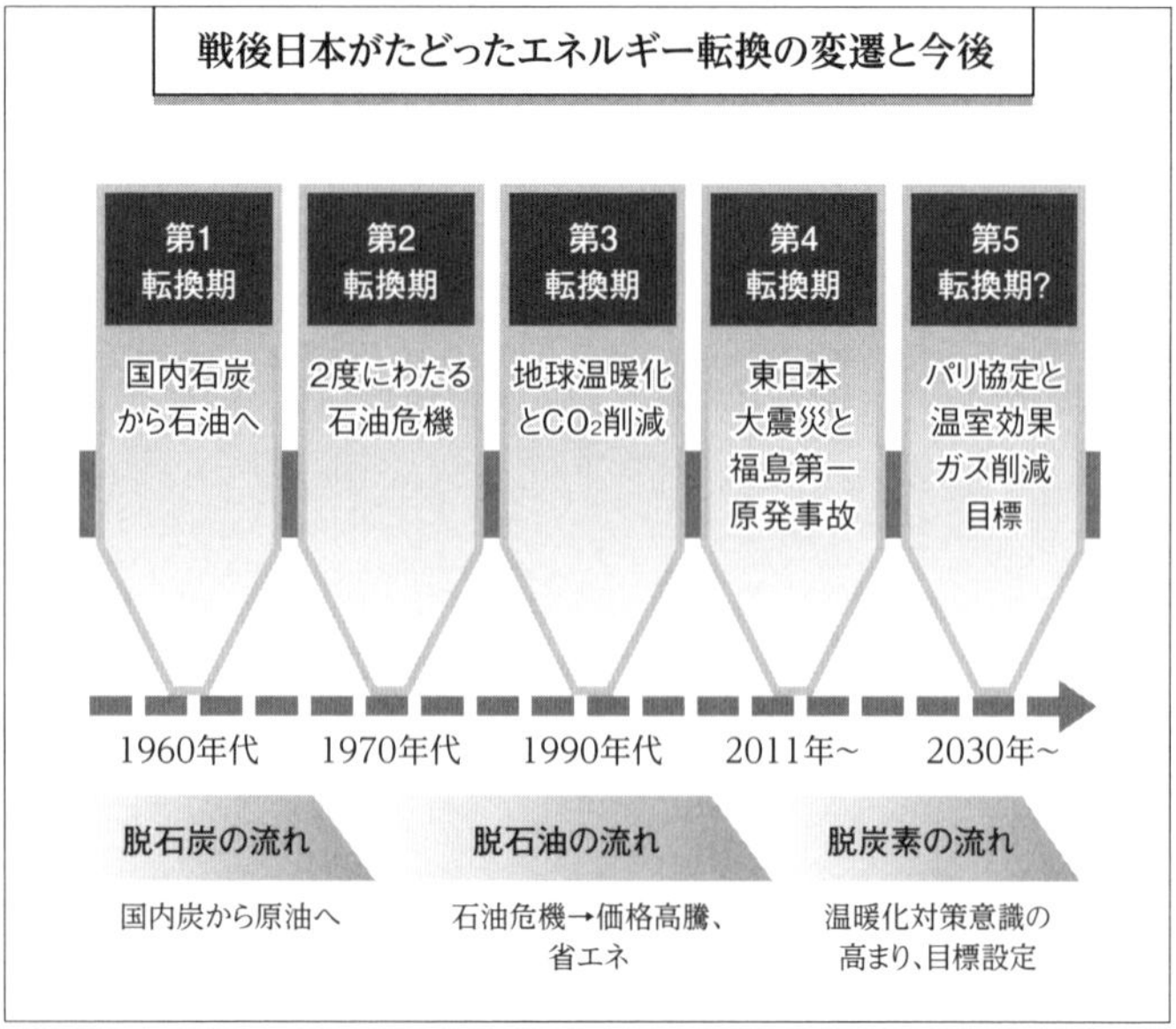

資源エネルギー庁資料を参考に作成

日本大震災後には一段とそれを深化させる取り組みが始まっているのです。

液化天然ガス（ＬＮＧ）需要の拡大

ＬＮＧの重要性が再認識されたのも平成時代の特徴でした。１９６９（昭和44）年、アラスカから初めてわが国にＬＮＧの輸入が行われてから約半世紀が経過していますが、日本は現在、年間８０００万トン超を輸入する世界トップクラスのＬＮＧ輸入国です。ＬＮＧは石油と異なり中東以外からも調達することができるため、地政学的リスクを軽減できるほか、環境にも優しい温室効果ガスの排出が少ない化石燃料です。火力発電の中心的な発電燃料であり、東日本大震災以降は、原発の稼働停止によってＬＮＧ火力発電所の稼働率が上昇したため、その重要性がますます高まっています。

震災直後は大量のＬＮＧをスポット取引（当用買い）などで調達しましたが、当時の原油高の影響を受けたことに加えて、需要急増によって価格が上昇し、欧米諸国に比べて高値で輸入せざるをえず、貿易収支が赤字に転落するなど、日本の経常収支の大幅悪化につながりました。

ＬＮＧをめぐっては、２０００（平成12）年代後半にアメリカで起きたシェール革

column

シェール革命と日本

アメリカの「シェール革命」は日本にも少なからぬ影響を与えており、平成日本のエネルギー事情を語る上で欠かせない動きとなりました。2010（平成22）年頃からアメリカでシェールオイルの増産が始まると、石油輸出国機構（OPEC）を中心とする中東産油国による需給調整システムに影響を与えました。シェールオイルの増産が顕著になると、世界市場での石油の需給バランスが供給過剰になり、原油価格が急落したのです。

当初OPECは特段の需給調整には踏み込まず、低価格がつづく原油市場をそのままにしていました。原油採掘に比べて生産コストの高いシェールオイルの産出はやがて行き詰まり、シェールの生産者が音を上げると踏んでいたのです。

しかし、シェールオイルの生産性は技術の進歩などでむしろ向上し、原油価格は安値にとどまり続けてしまうことになりました。このためOPECは方針転換を図らざるをえなくなり、17年初めからロシアなど非OPEC加盟国とともに協調減産を開始して市場の回復を図ることにしました。19年6月末現在、協調減産はつづいています。依然として原油を輸入に頼る日本にとっては、中東情勢のみならず、アメリカの資源開発や市場動向にも神経を注ぐ時代になったのです。

命（シェールガス・オイルのアメリカ国内での大規模産出）は、アメリカのエネルギー需給に変化をもたらし、エネルギー輸入国から輸出国へと転換させました。16年にはアメリカからシェールガス由来のＬＮＧの輸出が開始され、日本にも17年に初めて輸入されました。それまでのＬＮＧ供給は、東南アジアや中東の国営企業などからの輸入が多かったのですが、アメリカや豪州といった新たなＬＮＧ供給国からの輸出が拡大することで、市場動向が変化する可能性があります。地球温暖化対策としての重要性も高まっており、世界的にＬＮＧ需要が今後も拡大するものと見られます。

用語解説

⑳福島第一原発事故

２０１１（平成23）年３月11日の東日本大震災による津波の影響により、福島県大熊町、双葉町にまたがる東京電力福島第一原子力発電所で起きた炉心溶融（メルトダウン）など放射性物質の放出をともなった過酷事故。当時、運転中だった1～3号機が原子炉停止後に圧力容器への注水ができなくなり、燃料の温度が上昇して水素が大量に発生。燃料の溶融、圧力容器の損傷、格納容器の損傷、原子炉建屋への水素や放射性物質の放出という経過をたどった。

㉑スマートメーター

スマートメーター（Smart Meter）は電力使用量をデジタルで計測する電力量計（電力メーター）

のこと。従来のアナログ式のメーターとは異なり、デジタルで電力の消費量（kWh）を測定しデータを遠隔地に送ることができる点に特徴がある。これにより検針員による各戸のメーターチェックの作業が不要になる。スマートメーターでは電気の消費量を30分単位で細かく把握することが可能で、電気使用量をコントロールしやすい利点もある。

㉒スマートハウス

スマートハウス（Smart House）は、ＩＴ（情報技術）を使って家庭内のエネルギー消費を最適に制御する機能を備えて設計された住宅。太陽光発電や蓄電池などのエネルギー機器や、家電、住宅設備などを一元的にコントロールし、エネルギー消費を細かく管理することで省エネや光熱費削減につなげる。

第8章

生活を変える「IT革命」の荒波はこれからだ！

――「スマホ」がけん引　商売も銀行も「お金」もIT化

一気に普及したインターネットとパーソナル・コンピューター

平成の経済で特筆されるのは、インターネットやコンピューター関連の技術が飛躍的に伸長した時代だったということです。日本では1993（平成5）年にインターネットの商業利用が始まり、急速に利用者を増やしていきました。パソコンユーザーによる「パソコン通信」が当時日本では広く普及しており、そうしたニーズを取り込んでいったのと、95年に発売されたパソコン基本ソフト「ウインドウズ95」の使い勝手が非常に良かったことから、一般の人々にパソコンが身近なものになっていったことも理由として大きいといえるでしょう。

さらにインターネットエクスプローラーなどウェブブラウザーの普及によって、文字だけでなく、写真などの画像もインターネットを通じて閲覧できるようになり、企業や個人が自らのウェブページを開設して情報を発信することができるようになったことも大きな動きです。特に企業が自社情報を発信する機能としてインターネットの利用価値を認識したことによって、利用が大きく伸びる結果となりました。

総務省の情報通信白書によると、インターネットは商用利用開始から5年で98年には世帯普及率が10％を超え、２００１（平成13）年から02年にかけては34・0％から60・5％に大きく躍進し、02年末には81・4％まで達しました。17年末には85％になっています。ネットへの接続は当初、電話やＩＳＤＮ回線を利用したダイヤルアップ接続が主体でしたが、その後にケーブルテレビ（ＣＡＴＶ）インターネットやデジタル加入者回線（ＤＳＬ）が登場し、伝送速度の速いこうした回線がブロードバンドの普及をリードする流れになりました。01年以降は安い価格でＤＳＬを提供する新規事業者が登場したことで、ブ

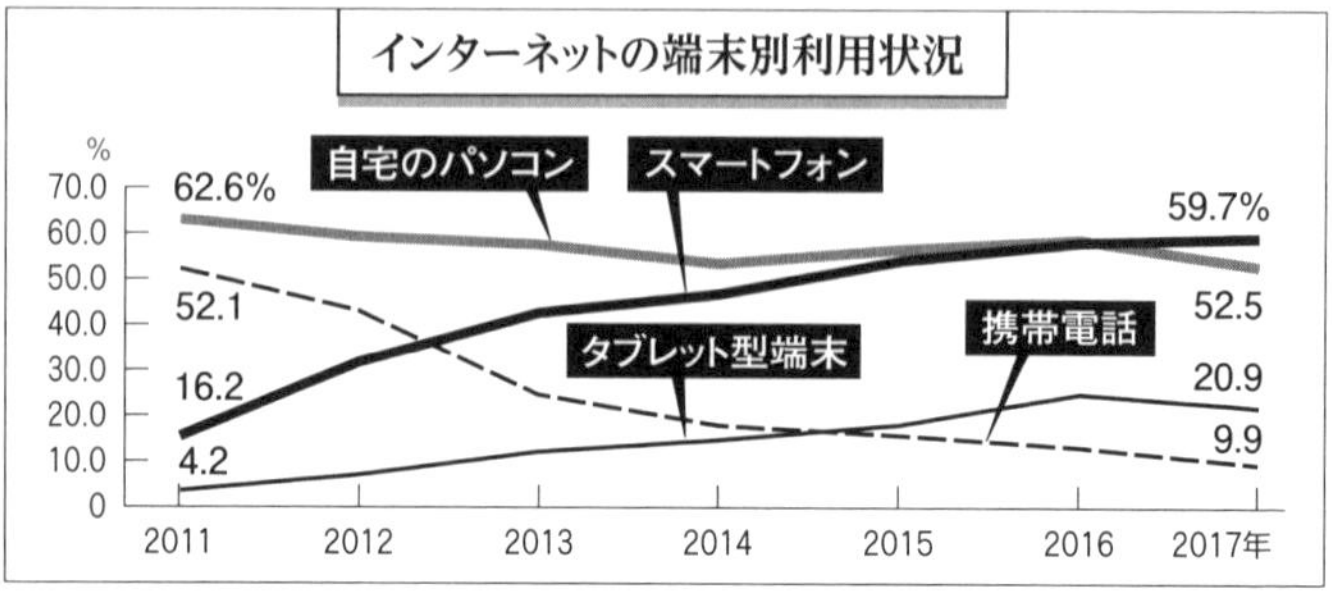

出所：2018 年通信利用動向調査（総務省）より作成

ロードバンド料金の大幅な価格低下が進みました。

ネット・ビジネスの急拡大

通信環境が整うにつれて、インターネット上での新たなビジネスも生まれました。データ通信受容の拡大によって、これに応えるインターネットサービスプロバイダ＝ＩＳＰ（Internet Service Provider）という新たな事業者が増加したことや、情報の大量蓄積などを行うデータセンター業などがその代表例です。電子商取引の楽天やアマゾンが登場したのもまさにこうした時代の流れのなかででした。ネット上での認証やセキュリティーの確保などさまざまな関連サービスも提供されるようになるなど、幅広い業態で新規参入も増え、内容も高度化していきました。

ひとり1台以上の「携帯電話」時代に

これに並行して大きく進展したのは携帯電話のサービスです。電池の小型化にあわせて携帯電話の小型化がはかられ、かつてショルダーバッグほどの大きさがあった電話が、手のひらにのる文字通り携帯サイズの大きさにまで変化しました。さらに、携

column

通信規格の進化　1G から 5G まで

携帯電話を語るときに、通信規格の進化に触れないわけにはゆきません。ショルダーバッグのような大きな携帯電話の時代の通信規格は、1980（昭和 55）年代から 90 年代初めの 1G の時代です。アナログの回線でデータ通信などはできない時代でした。93 年になると 2G の時代が訪れます。無線通信がデジタル化され、メールやインターネットが可能になり、ポケットに入るまでのサイズダウンが行われました。

そして 2001（平成 13）年からは通信速度を増した 3G の時代にはいります。写真や音楽を手軽にダウンロードできるようになり、写真をとってメールで送る「写メール」や、音楽配信サービスでお好みの曲をダウンロードする「着うた」などのサービスが可能になりました。そして 07 年、世界的な発明ともいえる iPhone が登場。スマートフォンという概念を世の中に知らしめました。10 年代半ばから 4G の時代に入り、iPhone は世界的なヒット商品となり、他メーカーのスマホブランドも売り上げを伸ばす時代になりました。グローバル市場でのスマホの成長を支えているのが 4G の規格です。

そうしてこれから期待されるのがさらに高速大容量であり、同時多接続、といった特徴を備えた 5G です。情報伝達がほとんど遅延しなくなるというのも大きなポイントです。19 年に 5G は商用サービスが世界各地で始まり、日本もその元年となります。令和の時代は 5G とともに始まろうとしています。20 年の東京五輪・パラリンピックも控えて、さまざまなビジネスチャンスが生まれることも予想され、まさに次世代の通信インフラの登場といえるでしょう。

帯電話がコンピューター機能を持つまでになったことも大きな変化です。総務省の調査によると、2018（平成30）年度末時点での携帯電話の契約数は1億7773万台で、国民が一人1台以上持っている計算です。

通信規格としては2001（平成13）年に世界に先駆けて第3世代移動通信システム（3G）のサービスが展開されたことが大きいといえます。3Gは携帯電話のサービスを多様化させ、業者間の競争が進展しました。総務省の情報通信白書によると、1999（平成11）年にNTTドコモがiモードのサービスを提供したのをきっかけに、携帯電話によるインターネット接続の契約者はわずか3年で5000万人を突破し、02年末には携帯電話に占めるインターネット接続利用者の割合は80％を超えるまでになりました。まさにモバイルインターネットのコモディティー化（汎用品化）の動きが進展したのです。

このように日本は携帯電話開発で一時期、先進的な地位にありましたが、日本独自の仕様やビジネスの枠組みにこだわりつづけた結果、新たなスマートフォン時代に出遅れてしまったことは否めないでしょう。このことは世界的な動きにうまく乗れず、特定の環境下での最適化に固執する「ガラパゴス化」の象徴となったと指摘されています。

買い物風景を一変させた電子商取引

インターネットの進展で、流通業界の姿が大きく変わったのも平成時代の特徴です。コンビニエンス・ストアが急激に増え、地方の大型ショッピングモールなども出店を加速した一方で、電子商取引の普及によって、わざわざ買い物に出かけなくても多くのモノがインターネット経由で購入することが可能になりました。こうした影響もあって、かつてはお客でにぎわい、小売業の象徴だった百貨店の売り上げはバブル崩壊以降低迷しています。

多くの顧客を持つ日本のアマゾンや楽天などは90年代半ばから2000（平成12）年代にかけて生まれ、急速に拡大した新しいビジネスの手法は消費に革命的な変化をもたらしました。長期的な売り上げ低迷で、百貨店大手が店舗の削減をすすめたり、地方の百貨店では経営が立ちゆかなくなったりするところも増えています。大規模な業界再編が進んだのも平成期の百貨店業界の特徴です。

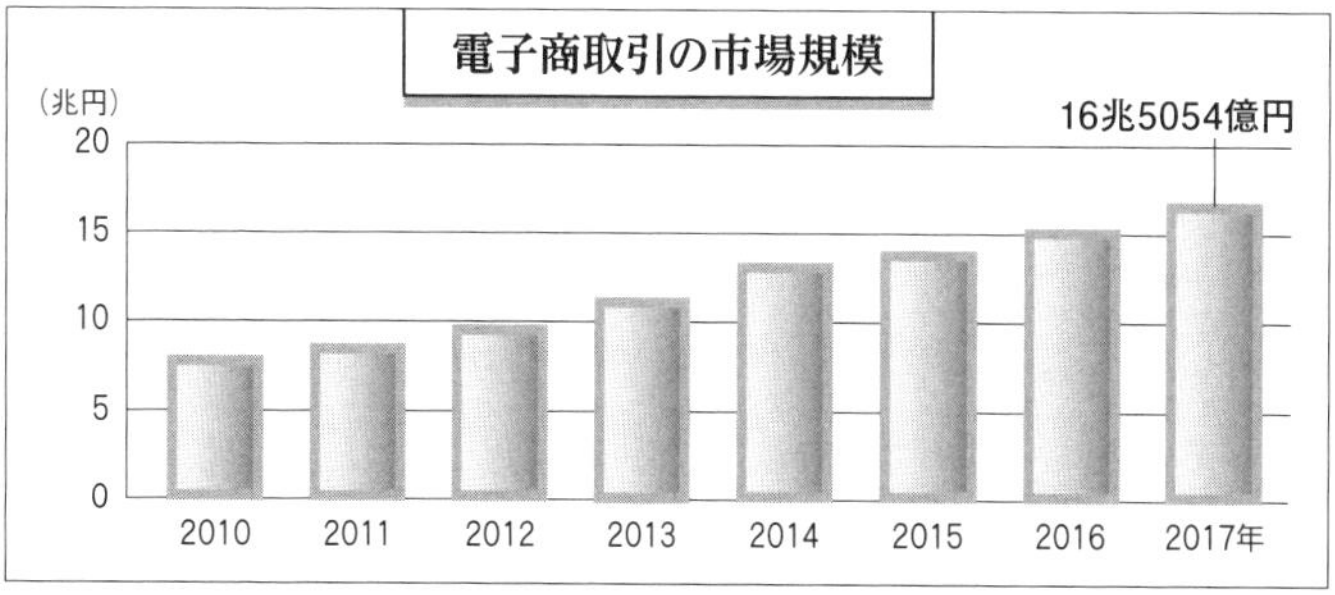

総務省資料より作成

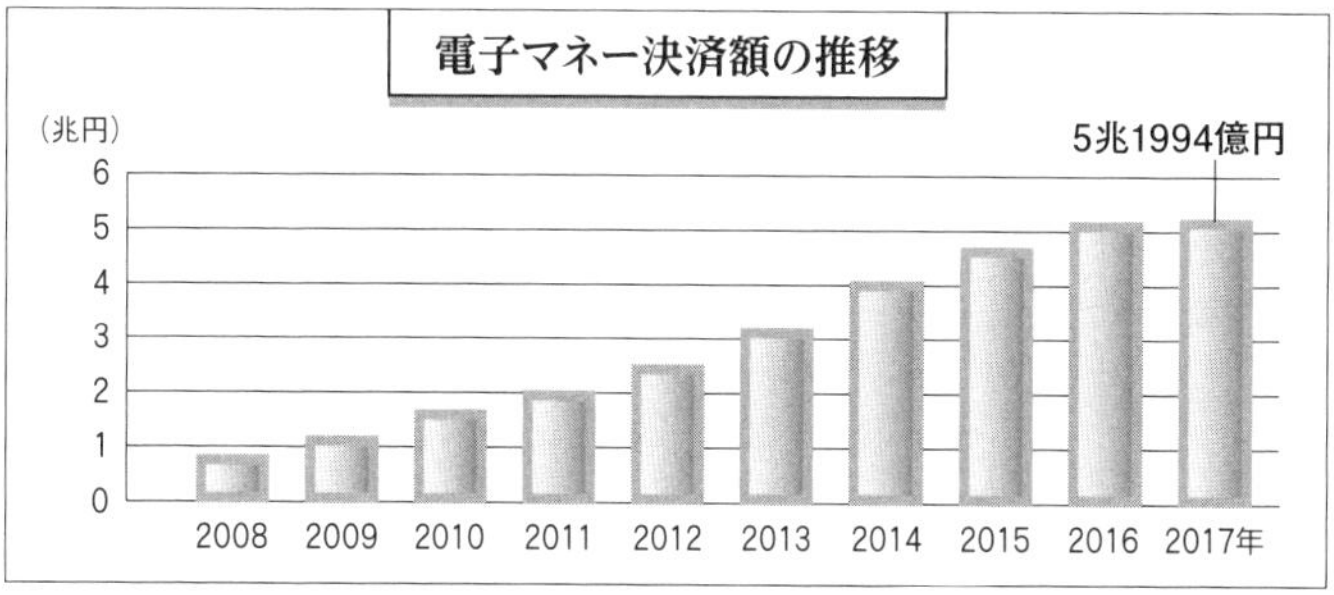

日本銀行資料より作成

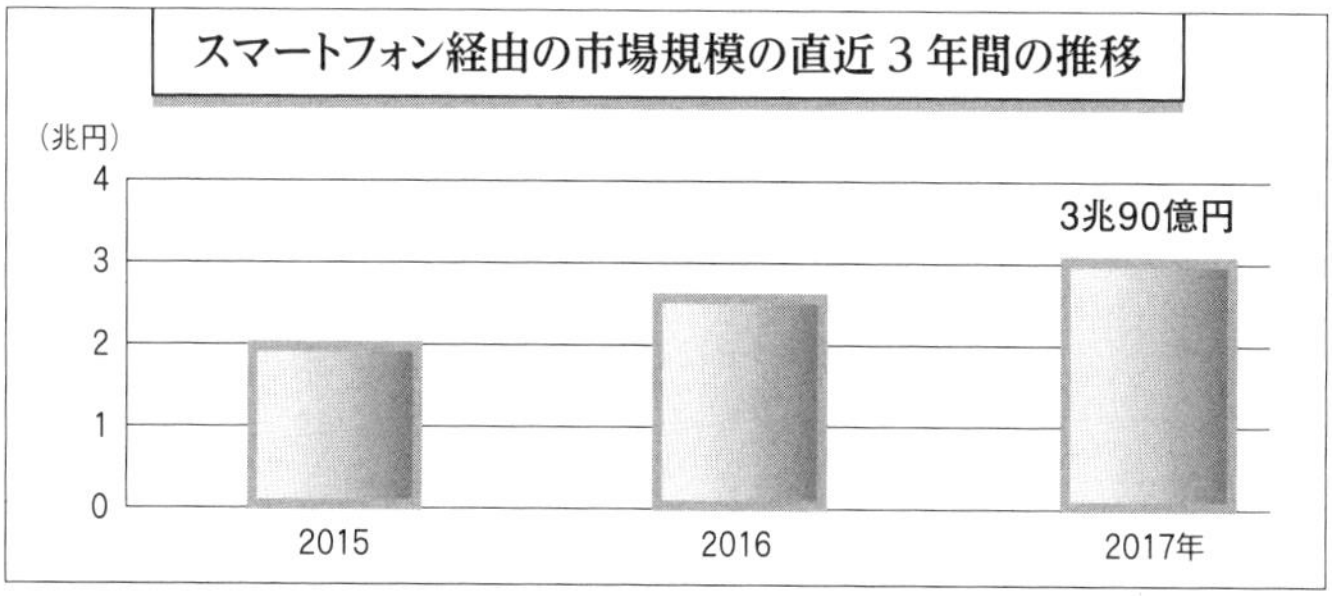

総務省資料より作成

電子商取引の普及は、パソコンやタブレット、スマホなどからクリック一つで購入でき、さらに間違って購入した場合でも、簡単に返品できるなどの手軽さが消費者に受け入れられている面も大きいです。

一方で、個人の購入履歴情報を多量に保有することで、それを生かす動きなども出てきました。ポイント制などで顧客を囲い込むほか、一人一人に「おすすめ商品」の情報などを送る「レコメンドシステム」などがその代表例です。

さらにGAFA（ガーファ）といわれるグーグル、アマゾン、フェイスブック、アップルというういわゆる「巨大ITプラットフォーム」に個人情報が集積し、情報漏洩などがしばしば発生していることや、さらに、巨額の利益をあげているのに、税率が低い国に移して不当に税負担を逃れているという批判も生まれています。こうした企業への適正な課税は世界的な課題になっており、経済協力開発機構（OECD）やG20はあらたな課税方法についての検討をつづけています。

銀行も「お金」もIT化　「仮想通貨」も登場

インターネット技術が進化することで、ネットによる金融取引のチャネルが増えたのも平成期の特徴だったといえます。ジャパンネット銀行が２０００（平成12）年にできたほか、楽天銀行（元のイーバンク）、ソニー銀行など多くのインターネット専業銀行が生まれました。証券会社も野村、大和など大手がそれぞれネットによる取引に参加したほか、カブドットコム証券、マネックス証券などネット証券会社が次々に設立されました。このほか、投資信託会社や**FX**[23]業者などネットに親和性のある金融会社が次々に生まれ、金融取引のチャネルを増やしてゆきました。

電子マネーが普及したのも特徴です。交通系のＳｕｉｃａやセブン＆アイ・ホールディングス系のｎａｎａｃｏカードなどは日常的に使われ、支払い手段の多様化が進んだといえましょう。

平成の後期には「仮想通貨」という新しい概念のお金が登

代表的な FinTech（フィンテック）のサービス例

銀行系	▼個人資産管理（PFM） ▼バーチャルバンク ▼インターネットを介した個人間のお金の貸し借り（P2P 融資） ▼ソーシャルレンディング（ネット上での融資仲介） ▼クラウドファンディング
カード系	▼モバイル決済 ▼オンライン決済 ▼オンライン送金 ▼モバイル POS ▼自動支払い
証券系	▼オンライン証券 ▼ロボアドバイザー（自分に合った資産運用などをアドバイス）
その他	▼ビッグデータ分析 ▼クラウド型会計 ▼暗号資産（仮想通貨）の決済や取引所

場しました。これはインターネット上で流通する電子的なお金のことで、「ビットコイン」など現在600種類以上が存在するとされています。円やドルなどの法定通貨や電子マネーとは異なり、特定の発行者や中央管理者（通貨当局など）は存在せず、お札やコインのようにモノとしての物理的な実

column

「令和」経済の読み方

開発にしのぎを削る「フィンテック」の世界

デジタル化の進展で金融機関が取り組むフィンテック（FinTech）が近年、話題になっています。FinTechとは、金融（Finance）と技術（Technology）を組み合わせた造語です。簡単にいえば、情報技術（IT）の力によって金融をインターネットに乗せることで、金融とITを結びつける高度な技術のことです。FinTechに関連して、ITやビッグデータ分析などに秀でたベンチャー企業が多く生まれ、また大企業も対応部署を設置するなど、利便性の高いサービスの開発にしのぎを削っています。取り扱う分野も暗号資産（仮想通貨）や電子マネー、電子決済、電子送金、融資、不動産分野での活用など多岐にわたります。

課題は利用者の利便性と安全性（セキュリティー）をどう両立させるかです。安全性を重視すると、利用者が行う操作などは複雑化し、結局、面倒になって利用されないといったことにも陥りかねません。逆に便利さを追求するあまり、安全性がおろそかになっては利用者の信頼は得られません。そうした難しい課題を両立させる作業が、開発者や事業者には求められています。

体もありません。データとして存在し、ネット上の取引所で法定通貨と交換でき、価格も市場取引で刻々と変動します。「ブロックチェーン」（デジタル台帳）と呼ばれる技術で、取引記録が改ざんされにくいという特徴がある一方、ハッキングや流出、ウイルスに狙われるリスクなどもあります。

仮想通貨の呼称は、法定通貨と誤解される恐れがあるほか、国際的には「crypto-asset ＝クリプトアセット（暗号資産）」と表現していることから、日本も法改正によって法令上の呼び方を「暗号資産」に変更することになりました。

用語解説

㉓ＦＸ

外国為替証拠金取引のこと。英語表記「Foreign Exchange」の略。円、ドルなどの通貨を売買して差益を狙う金融商品。証拠金を業者に差し入れ、その数倍の外貨取引を行うことができる。１９９８（平成10）年の外為法改正後に登場し、個人投資家を中心に普及している。市場の動きによって利益が大きく膨らむ可能性がある一方、大きな損失を被るリスクもある。

第9章 「人口減少」「少子高齢化」社会のビジネスと暮らし方

――ネックは労働力不足　あらゆる人が働きやすい社会に

百貨店の凋落、コンビニエンス・ストアの躍進

8章でも見たとおり、流通業界が大きく変化したのも平成時代の特徴です。全国でコンビニが急激に増え、大都市近郊や地方都市の大型モールなども増えました。さらに電子商取引の普及で、店に足を運ばなくてもインターネットで多くのモノを買うことが可能になりました。一方で、旧来型の百貨店の売り上げは、バブル崩壊以降は低迷しています。平成の30年間で消費のスタイルが大きく変わった象徴的な事例です。

百貨店の売り上げ低迷は、これまでのようにファッションブランドと一緒になって女性用衣料品を大量に販売してきたビジネスモデルが限界を迎えたことが、大きな要

因と考えられます。消費者の嗜好の多様化やユニクロなどのブランドに代表される[24]**ファストファッション**の需要拡大などで、これまでのような百貨店の売り方が通用しなくなったのです。高級な衣料品を百貨店で買うという感覚が消費者に希薄になってきた動きのあらわれだとみられます。

一方で躍進したのがコンビニです。コンビニは昭和の時代に生まれた小売り業態ですが、平成の時代になって店舗数も出店地域も飛躍的に拡大しました。日本フランチャイズチェーン協会によると、2019（令和元）年6月には全国で5万5675店に達しています。原則24時間営業を掲げて、消費者ニーズにこたえてきました。[25]**プライベートブランド**の充実、店舗に設置した機械からの住民票の交付や公共料金の支払い、交通機関の

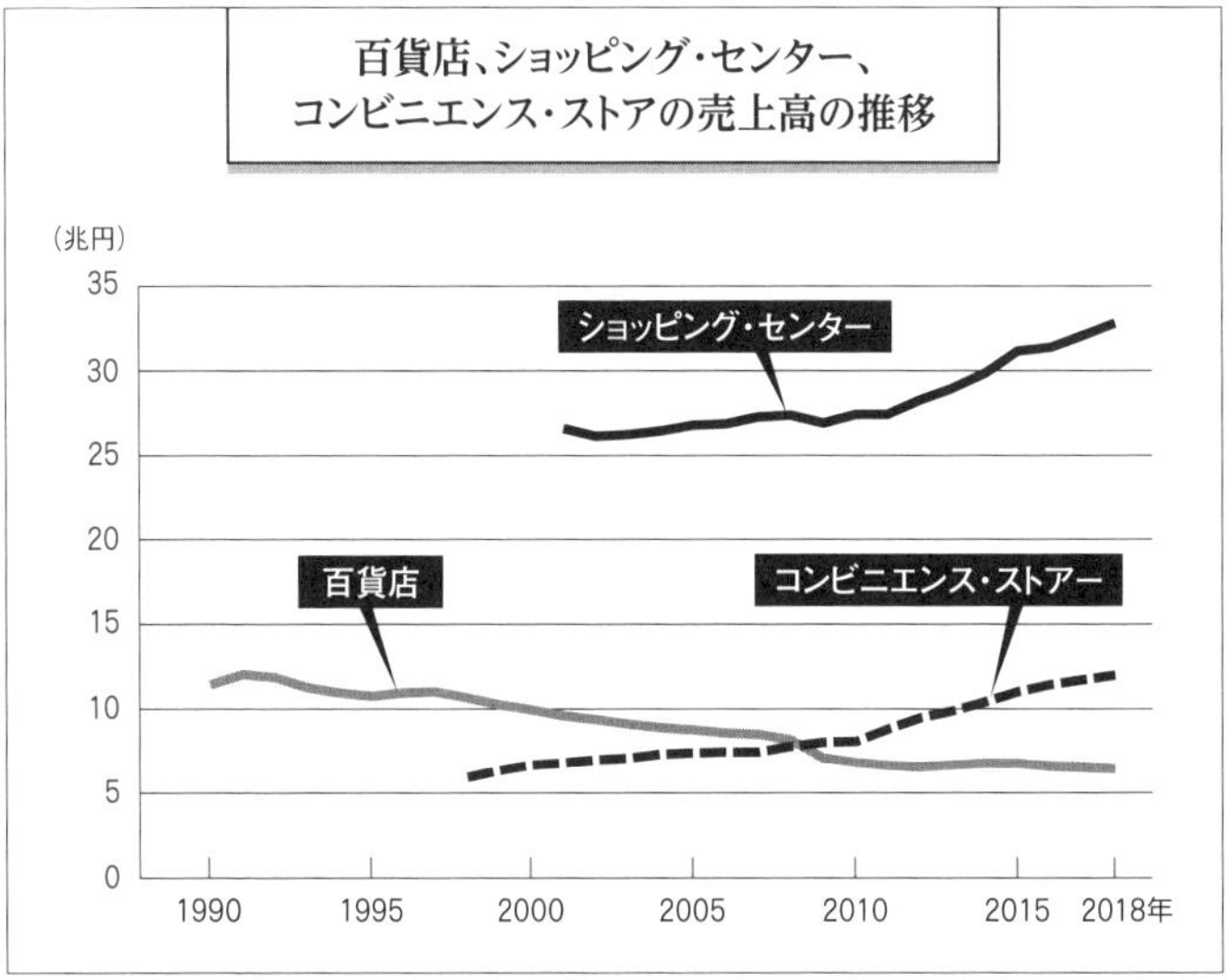

経済産業省データなどから作成

乗車券や各種イベントのチケット販売など、社会のインフラとしての機能も果たしてきました。

ところが人手不足や、加盟店の経営者の高齢化などで24時間のオペレーションが難しくなる店舗も出てきました。平成の終わりに、人手不足を受け、フランチャイズ（FC）チェーン加盟店の一部から24時間営業の見直しを求める声が上がったことを契機に、コンビニの営業のあり方について考え直す機運が高まりました。コンビニ本部は基本的に24時間営業の枠組みは維持するとしながらも、加盟店側の事情には個別に対応するとの姿勢を示しています。

とはいえ、事業環境の変化で、コンビニ業界も近い将来、ビジネスモデルの抜本的な見直しに直面する可能性があります。最近では、**食品ロス**[26]を減らすためのポイント制度などの取り組みも一部で始まっています。

日本人が経験したことのない「人口減少」時代へ

平成は日本の人口が減少するということを強く意識した時代でもありました。

ふりかえってみると1989（平成元）年に起きた「**1・57ショック**[27]」は平成時代

の人口減の予兆だったのかもしれません。１人の女性が生涯に産むと推計される子どもの数を示す「合計特殊出生率」が89年に１・57にまで下落し、戦後最低となりました。しかし当初は、いずれベビーブームがおとずれて出生率は持ち直すという期待がありました。

ところが期待に反して、団塊ジュニア世代が結婚・出産の適齢期になってもベビーブームはおきず、人口が上向くきざしは見えませんでした。それどころか、50歳までに一度も結婚しない「生涯未婚率」が２０１５（平成27）年のデータで男性23・４％、女性は14・１％に上っています。

背景にはバブル崩壊後の経済の長期低迷で、新規採用の減少など、企業の慎重な人員政策などが影響して正社員になれない若者が増加し、結婚を先送りしたりあきらめたりするなどの動きがありました。結果として生まれる子どもの数は少なくなり、人口は減少に転じています。一方で高齢者向けの政策などが優遇され、少子化対策に十分な財源投入ができなかったことなどが影響していることも考えられるでしょう。

14年には日本創成会議がまとめたデータから『地方消滅』（増田寛也編著・中央公論新社）という本が出版され、２０４０（令和22）年には人口減と高齢化で行政サービスが維持できない消滅可能性都市が８９６市町村に上るという予想が衝撃を持って受け止められました。

人口が減ると、税収減により行政機能や公共サービスが維持できなかったり、地域から産業が撤退したりするなど多くの問題が生じます。低出生率から回復するためには多くの労力とコストを必要としますので、国として非常に難しい問題に直面しているといえます。

国立社会保障・人口問題研究所の推計によりますと、日本の人口は53年過ぎに１億人を下回る見通しです。日本がかつて経験したことのない人口減少時代であり、国をあげて対応しなければならない大問題になっているのです。

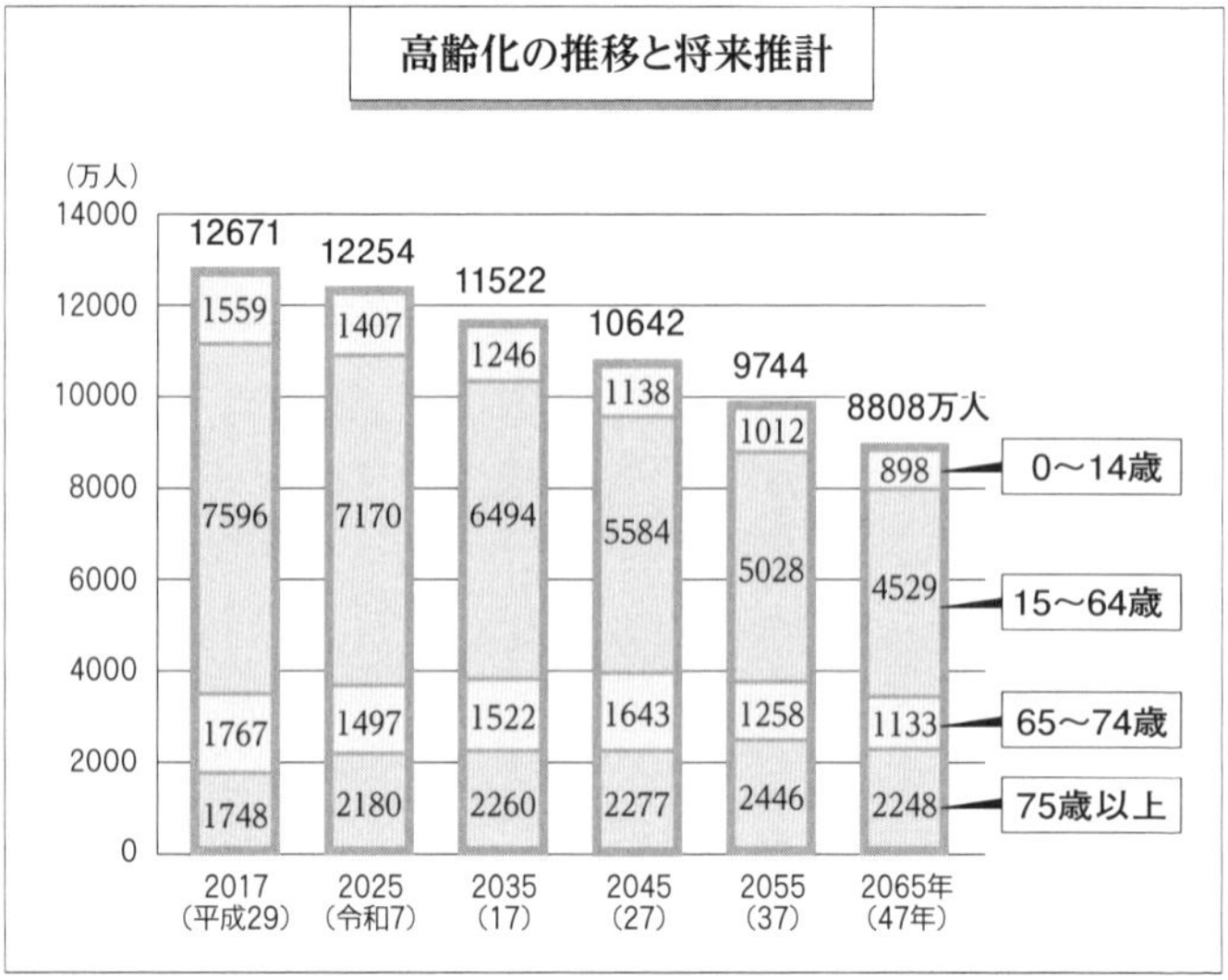

内閣府資料より作成

「老後資金の不安」も高まる

人生100年時代といわれ、定年が延び、退職してからの時間が長くなると強く意識されるようになったのが平成の時代でした。これにともなって老後に必要な資金に対する不安が出てきたことも時代の特徴だといえます。

現役世代が負担する介護保険料は上昇し、大企業に所属する社員が健康保険組合に支払う保険料も上がっています。年金支給開始年齢の60歳から65歳への段階的な引き上げが2001（平成13）年度から始まりました。長く生きることで、それなりの老後資金が必要になるという意識が高まっています。

そのひとつの表れが、定年後に関する本が近年よく売れて、多くのベストセラーが出ている社会の風潮です。それだけ経済的な先行き不安の側面を含めて多くの人が長生きにリスクを感じているといえるでしょう。金融庁の審議会の報告書が老後の資産形成について、「約2000万円必要となる」と指摘し、各方面で論議を呼んだのもこうした背景があるとみられます。

働き方改革の進展

少子高齢化に加えて、「働き方改革」が進められたことも特徴のひとつです。平成の初めごろ、健康ドリンクのコマーシャルで使われた「24時間戦えますか♪」のフレーズがヒットしました。その時代は、寝食を忘れて仕事に邁進すれば成果もあがり、出世もし、給料も上がるというイメージがありました。その後、過労死や長時間労働が社会問題となり、働き方に対して人々の関心が集まり、企業も対応に追われる時代へと変わっていきました。

1992（平成4）年に政府は労働時間を1800時間に抑える生活大国実現への5カ年計画を策定しました。その後、労働時間は低減する方向に向かいましたが、今でも実際の仕事の現場ではそうはなっていないところが多いのが現実でしょう。

ただ今は多くの企業が働き方の改革を進めています。インターネット環境の整備やパソコン、周辺機器の充実で、自宅にいながらにしてできる仕事も増えているからです。特に、場所や時間にとらわれない柔軟な働き方として注目されているのが、会社に出勤せずとも離れた場所で仕事をするテレワークです。テレワークが子育て中の女性などに活用され、成果をあげている企業も出ています。

在宅勤務のほか、場所を限定しないモバイルワークや、遠隔地のサテライトオフィスで働くなどの多様なスタイルも生まれています。仕事の形や働き方は今後も変わっていくでしょう。

労働市場の構造変化

労働市場に構造変化が起きたのも、平成の30年間の特徴です。

かつて昭和の時代は若い働き手が多くいて、高度成長時代であることも相まって、賃金は毎年のように上がる時代でした。1980（昭和55）年代以降も、高度成長期ほどではなかったにせよ賃金上昇がつづき、バブル崩壊後も90年代の半ば頃までは上昇が見られました。

しかしその後は2000（平成12）年代の半ばにかけて賃金の低下傾向がつづきます。いったん持ち直しかけましたが、リーマン・ショック後にマイナスとなるなど、再び賃金が上がりにくい構造になってしまいました。

背景にはデフレの影響がありますが、経済活動の停滞で成長が低迷したことも大きな原因でしょう。経済成長を実感できず、その成果を享受できていない世代が多く

column

「令和」経済の読み方

対策が急務の「労働力不足」

人口減少の影響で、日本はいずれ深刻な労働力不足時代が到来すると考えられます。日本の人口は2053（令和35）年には1億人を割り込み、それにともなって、労働力人口は減っていきます。それに対応するためのひとつの方法は、高齢者の雇用を一段と増やすことでしょう。

年金受給開始年齢の引き上げとあわせて、13（平成25）年4月から改正高年齢者雇用安定法が施行され、段階的に65歳への定年延長か継続雇用が義務づけられました。厚生労働省の調査で、65歳定年制度を導入している企業の割合は16.1％、66歳以上まで働ける制度を設けている企業は27.6％にとどまっています。今後も働きたいと希望する高齢者が働きやすい環境をつくることが求められています。

さらに重要なのは外国人労働力の導入と女性の労働市場への積極的な参入です。外国人については、人手不足で困っている職種に限定して、外国人労働者を増やす改正入管法が19年4月に施行されました。既に外国人の労働力に依存している業種も多く、安定的な受け入れを行うとともに、低賃金や劣悪な労働環境が生まれることを防ぐなど、適切な運用による社会への適応支援が重要です。

女性活用については、就職した女性が子どもができると離職する傾向が日本では依然として強いなか、キャリアの継続や復職を容易にするなど女性にとって働きやすい環境をよりいっそうつくっていくことが期待されています。

なっていることも指摘できると考えます。

もうひとつ特徴的なのは、非正規労働者の増加です。非正規労働者は現在も増えており、全労働者の4割弱を占める割合になっています。背景には企業がバブル崩壊を機に正社員をリストラし、非正規社員を活用することで雇用調整を行い、従業員の人件費を抑制したいという思惑がありました。近年は定年退職後に、契約社員や嘱託社員などとして働きつづける高齢者が増えていることも非正規労働者が増えている背景にあるでしょう。

その一方で、会社の組織にしばられず、自分の専門性をいかす形で自由に仕事をして食べていきたい、自ら進んで非正規労働をしたい、という価値観の人たちがいるのも確かです。ただ、正社員になりたくてもなれず、やむなく非正規にとどまっている人も多くおり、こうした人たちへの対策がきわめて重要です。

用語解説

㉔ファストファッション

流行を見極めつつ低価格に抑えた衣料品を、短期間で大量に生産・販売するブランドやその業態のこと。安くてすぐ食べられる「ファストフード」になぞらえた言葉。大手グローバルブランドが各国に進出しているほか、日本のブランドも国内外に店舗展開している。

㉕プライベートブランド

コンビニ、スーパー、デパートなどの卸・小売業者が、自ら開発し販売する商品群のこと。略してＰＢ商品と呼ばれる。ストアブランド、自主企画商品と呼ばれることもある。大手メーカーの自社製品であるナショナルブランド（ＮＢ）と対比される。大量生産、買い取り契約などにより、一般的にナショナルブランドと比べて価格が安い場合が多い。

㉖食品ロス

売れ残りや食べ残し、期限切れなど、本来は食べられるはずの食品が廃棄されること。農林水産省統計によると、２０１６年度は約６４３万トンの食品ロスがあったと推計されている。

㉗1・57ショック

１９８９（平成元）年の人口動態統計で、１人の女性が生涯に産む子どもの数を示す合計特殊出生率が１・57となり、日本社会にもたらした衝撃のこと。それまでの最低だった１９６６年（ひのえうまの昭和41年）の１・58を下回った。政府が、出生率の低下と子どもの数が減少傾向にあることを問題として認識したきっかけとなった。

第10章 令和日本の立ち位置を確認し、あらたな「売り」を探す

――「課題先進国」のピンチをチャンスに変えるには？

世界に日本はどう見られているか

平成から令和への時代の移行が２０１９年5月1日、衆人環視のなかでスムーズに執り行われましたが、平成の30年間は日本が世界に良い面も悪い面も注目された時代でした。

バブル期にはジャパン・マネーが世界の主要都市やリゾート地の土地や建物を買いあさり、ひとたびバブルがはじけて経済が不振に陥ると、今度はそれを売りまくりました。金融危機のときには日本発の世界恐慌が起きるのではないかと多くの国民が感じるほど社会は緊張し、その後の日本経済は長く停滞することになりました。当時の日本の危

機を象徴する山一証券の野澤正平社長の号泣など、日本型経営の失敗も注目されました。
　そして平成の末期には、かつて経営危機に陥った日産自動車に乗り込み、コストカッターとして短期間で再建する一方、自らは不正流用に手を染めていたとして、カルロス・ゴーン元会長が逮捕・起訴される動きもありました。著名なグローバル経営者が、その辣腕《らつわん》で日産の再建に尽くした後に、自らの地位を利用して会社資金を不正流用していたという不名誉な嫌疑で地

さ88伝「穴場」ホテル 9
書 新世界への扉 15
景勝 勝ち越し 16
留学生捜索終了 36
人熱弁 最愛の１冊 36

政治 4　経済 6 10 11
国際 8 9　就活 33
家庭 24 25　安心の設計 23
スポーツ 16 19
気流 12　文化 13　小説 25
商況 碁・将棋 26 27

讀賣新聞

2018年（平成30年）
11月20日火曜日

発行所　読売新聞東京本社　〒100-8055 東京都千代田区大手町1-7-1 電話(03)3242-1111(代) www.yomiuri.co.jp

日産ゴーン会長 逮捕

報酬50億円過少記載疑い

東京地検　日産側と司法取引

有価証券報告書

東京地検特捜部は19日、自分の役員報酬を実際より50億円余り少なく有価証券報告書に記載したとして、日産自動車㊂（本社・横浜市）会長のカルロス・ゴーン容疑者(64)ら代表取締役2人を金融商品取引法違反（有価証券報告書の虚偽記載）の疑いで逮捕し、日産本社などを捜索した。日産は同日夜、2人を解任する方針を明らかにした。

〈ニュースQ＋2面、社長会見要旨10面、関連記事3・11・36・37面〉

日産、会長職解任提案へ

ほかに逮捕されたのは、同社代表取締役のグレッグ・ケリー容疑者(62)。関係者によると、特捜部は今回、ゴーン容疑者らの虚偽記載に関与したとみられる日産関係者との間で、捜査に協力する代わりに刑事処分を軽くする日本版「司法取引」（協議・合意制度）に合意したという。今年6月にスタートした同制度が適用されるのは、7月に三菱日立パワーシステムズの元取締役らが在宅起訴された外国公務員への贈賄事件に続き、2例目。

特捜部の発表によると、ゴーン、ケリー両容疑者は共謀し、2011年3月期～15年3月期のゴーン容疑者の役員報酬が計約99億9800万円だったのに、計約49億8700万円と虚偽の記載をした有価証券報告書を関東財務局に提出した疑い。年間1億円以上の報酬を受け取った上場企業の役員については、氏名と金額などを有価証券報告書に記載するよう、10年3月期決算から義務づけられた。

ゴーン容疑者は1999年にルノーから日産に派遣され、最高執行責任者（COO）に就任。翌2000年から社長として再建にあたった。05年にルノーの社長、16年に三菱自動車の会長を兼務し、昨年4月から日産の会長になった。

従業員を減らしたり、大きな工場を閉めたりするなどして日産の業績をV字回復させ、徹底的に無駄を省く手法から「コストカッター」とも呼ばれた。04年4月には藍綬褒章を受章した。

ケリー容疑者は1988年に米国にある「北米日産会社」に入社。2005年に同社副社長となり、12年に日産本社の代表取締役に就任した。

日産の有価証券報告書に記載されたゴーン容疑者の報酬額

2018年	7.35億円
17年	10.98
16年	10.71
15年	10.35
14年	9.95
13年	9.88
12年	9.87
11年	9.82
10年	8.91

この期間が容疑対象。実際よりも約50億円過少に記載

※3月期。日産の有価証券報告書や東京地検特捜部の発表に基づく

ケリー容疑者（日産自動車提供）

カルロス・ゴーン容疑者（2016年）

ゴーン容疑者と日産自動車の歩み

1954年	ブラジル生まれ。高校まで、祖父の母国レバノンで過ごす
78年	仏・国立高等鉱業学校卒、ミシュラン入社
96年	仏・ルノーに移り、12月に上席副社長
99年	日産自動車のルノー傘下入りに伴い、日産COO（最高執行責任者）に就任。「日産リバイバル・プラン」を発表
2000年	日産社長に就任。01年6月にCEO（最高経営責任者）に
01年	大胆なリストラで黒字化を果たし、「日産は復活」と宣言
04年	藍綬褒章を受章
05年	ルノーで社長に昇格。その後、会長に
16年	ルノー・日産・三菱自連合が発足。三菱自の会長に
17年	日産社長を退任し、会長に

「ゴーン統治 負の側面」

複数の不正 内部調査数か月

西川社長会見

日産自動車の西川広人社長兼最高経営責任者（CEO）は19日、横浜市の日産本社で記者会見し、ゴーン容疑者の代表取締役会長としての職の解任を、22日に開く取締役会に提案すると発表した。西川氏は「信頼を大きく裏切ることになったことは残念で、申し訳ない気持ちでいっぱいだ」と述べ、第三者を含む委員会で調査を進める方針を示した。

日産によると、内部通報に基づき、数か月間にわたってゴーン、ケリーの両容疑者について調査した。その結果、①実際の報酬より少ない金額を有価証券報告書に記載②私的な目的で日産の投資資金を使用③会社の経費を不正使用――という不正行為が判明した。ケリー容疑者は、ゴーン容疑者の不正に深く関与した。

西川氏は、ゴーン容疑者がこれまで日産の経営を主導してきたことに触れ、「長年のゴーン統治の負の側面と言わざるを得ない」と述べた。

日産自動車　191… 設立の快進社自働車… 33年に創設された戸畑鋳物… て90年代に経営危機に陥… ノーの傘下に入った。… だ三菱自動車とともに「… でのシェア（占有率）を… イン」や「ノート」など… 売上高は約12兆円で、従… 14万人。

2018（平成30）年11月20日　読売新聞

位を追われるという皮肉な話です。この件では経営手法や刑事手続きも含めて海外に日本の異質性があらためてクローズアップされた、と見る向きもありました。

テクノロジー、異業種の融合で激化する自動車の世界大競争

5章でも触れたように日本の自動車業界は、世界的な移動革命のなかで大変革に直面しつつあります。近年、テクノロジーの力でヒトやモノの移動の利便性を高める「MaaS」(マース＝Mobility as a Service)という考え方が生まれ、新たなサービスが模索されています。

MaaSは自動車やバス、タクシー、シェア自転車などのほか、電車、航空機などあらゆる移動サービスを統合する考え方ですが、世界の自動車メーカーはこれにどう対応するかをめぐって大競争時代に突入しています。日本でもトヨタ自動車とソフトバンクが共同出資会社「モネ・テクノロジーズ」を設立し、事業開始しています。データテクノロジーと車の技術を融合させて自動運転やシェアリングなどの世界的な潮流に対応する動きだといえます。

海外のメーカーも知恵を絞ってさまざまな動きを始めており、今後は異業種の参入

なども一段と活発になることが見込まれます。

日本は世界経済のなかで「地盤沈下」

世界との比較でいえば平成は世界経済のなかで日本の占めるウエイトが変化していった時代でした。国際通貨基金（ＩＭＦ）のデータによりますと、日本の名目ＧＤＰ（国内総生産）の構成比は、１９８９（平成元）年の約15％から、２０１８（平成30）年には約６％まで減っています。

一方中国は、約２％から約16％と躍進。先進国全体が占める割合も、89年の約82％から18年は約61％に減少。それにかわって新興国・途上国の割合が約18％から約39％まで上昇しています。伸び悩んでいる日本を尻目に、中国などの新興国が一気にウエイトを拡大した時代であったといえます。世界のビジネスの主役に中国などの新興国が躍り出てきたのです。

日米貿易交渉のゆくえ

日米の貿易協定締結に向けた閣僚級交渉が２０１９（平成31）年４月にスタートし

ました。トランプ大統領が以前から日本の対米貿易について不満を持っており、18年9月の首脳会談で交渉開始が決まりました。日本からは茂木敏充経済再生担当相、アメリカからはライトハイザー通商代表部（USTR）代表が担当者となって交渉を行っています。

交渉は農産品や自動車など両国間の物品の関税を撤廃したり、削減したりするかどうかが中心です。農業分野で日本は「環太平洋連携協定（TPP）の自由化水準が最大限」との立場を前面に出しており、早期妥結にこぎ着けられるかが焦点になっています。

焦点の農業分野では、アメリカが、18年末のTPP（アメリカは不参加）発効後、対日輸出条件が不利になったと訴えて、早期の市場開放を要求しています。さらに、自動車をめぐっては、アメリカは巨額の対日貿易赤字に不満を表明しています。赤字の8割近くは自動車・同部品関連

GDPトップ10カ国の現状と予測

予測は米PwCレポート（2017年）、GDPはPPP（購買力平価）ベース

	2016年	2030年	2050年
1位	中国	中国	中国
2位	アメリカ	アメリカ	インド
3位	インド	インド	アメリカ
4位	日本	日本	インドネシア
5位	ドイツ	インドネシア	ブラジル
6位	ロシア	ロシア	ロシア
7位	ブラジル	ドイツ	メキシコ
8位	インドネシア	ブラジル	日本
9位	イギリス	メキシコ	ドイツ
10位	フランス	イギリス	イギリス

であり、自動車分野で輸入制限など厳しい要求を出してくる可能性があると見られています。日本側は、アメリカによる日本車の輸入数量制限や追加関税は受け入れないと強調しています。

アメリカ議会などは、日本からの輸出が有利となる為替市場での円安・ドル高をけん制するため、貿易協定に「為替条項」を盛り込みたい考えを持っています。日本は為替問題を貿易協定で扱うべきではないとの立場を常々伝えていますが、閣僚間での議論を超越したところで、トランプ大統領が突然、厳しい要求をしてくる可能性もあります。

トランプ大統領は20年11月の大統領選に向けて選挙運動が本格化する前までに「日本市場開放」といった成果をアピールしたいと見られています。

EU市場とイギリスのブレグジット問題

2016（平成28）年6月の国民投票時からつづいているイギリスの欧州連合（EU）からの離脱問題ですが、当時のメイ首相が示す離脱協定案がイギリス議会でなかなか承認されず、当初19年3月29日とされていた離脱を延期し、4月12日までとしました。

しかし、それでも議会で承認されませんでした。イギリス領の北アイルランドと、EUに加盟するアイルランド共和国との国境管理の問題で意見集約ができないためです。このためメイ首相はEU首脳会議に要請して、19年10月31日までの延期で合意しました。いわゆる「合意なき離脱」は当面避けられた形となりましたが、先行きが不透明な状態がつづいています。こうしたなか、メイ首相は辞意を表明し、7月24日、後任の新首相に離脱強硬派のボリス・ジョンソン前外相が就任しました。

イギリスには日本企業が1000社以上進出しており、工場を構える自動車会社やその関連企業なども多いです。日産自動車は、イギリスの工場で生産している高級車ブランドの現地での生産を19年中に終了します。ホンダも世界的な生産体制の見直しの一環として、21年中にイギリスの工場での生産を終了する方針です。

金融機関もすでに対応を始めています。イギリスに拠点を置く日本の大手金融グループのなかにはEU離脱によるリスクを減らそうと、すでにドイツやオランダに拠点を移して業務を行うところが出ています。EUには1つの加盟国で認可を得れば、ほかの国でも事業を行える「単一パスポート」と呼ばれる制度がありますが、イギリスで認可を受けた金融機関は、離脱後、EU域内での事業が制限される可能性があります。このため英国外の銀行や証券会社のなかには早々にフランクフルトやアムステルダムなどに新たな拠点を設けて離脱の混乱に備えたところもありました。

日本をますます左右するようになる「中国経済」

平成の終わりに、それまで長くぎくしゃくしていた日中関係は改善が図られました。平成の時代は中国も急速な経済発展をとげ、日本企業の進出も相次ぎ、日中の経済的な結びつきが強まった30年でした。冷え込むことの多かった政治関係に対し、経済関係のつながりの深さから「政冷経熱」といわれた時期もありました。

実際、日本の最大の貿易国は中国であり、中国経済の動向が日本経済の動きを左右しますが、当面２０２０（令和２）年ごろまでは中国経済は安定をつづけるのではないか、との見方が多く出ています。ただ懸念材料は激化している米中間の貿易摩擦です。長引くと中国経済の成長を抑える効果を生み、その結果、日本との貿易も縮小するなどの影響も予想されます。

同時にアジアの新興国にも影響が出てきます。これらの国々は歴史的に中国との結びつきが強いため、貿易戦争の長期化で中国経済の成長に陰りが出ると、各国経済への影響は避けられません。製造業などで日本とのつながりの強い国が多いほか、旅行需要の冷え込みによって訪日外国人客の減少につながるなど、日本にも反射的な影響が出ることが懸念されます。

新たな日本の「売り」を活かす

平成の時代に新興国が躍進し、経済力、生産力、技術力をつけた結果、それまで日本が優位性を持っていたものづくりなどの分野で追いつかれ、白物家電の分野などではそうした国々が世界市場で強い力を持っています。こうした時代に日本が生き残るには、高度技術を集約した高付加価値製品や部品などで勝負することが必要になるでしょう。

このほか再生医療など高度な医療サービスの分野も日本が世界に誇れるものです。「課題先進国」といわれるだけに、高齢化対策などのノウハウも、今後高齢化が進む他のアジア地域などにニーズがあるものと見られます。他の国々に比べて優位性の強い分野を一段と強化して、イノベーションを進めていくことが、これからの日本に求められているのです。

今後日本が勝負していく分野の一例

医療	再生医療、iPS細胞研究、メディカルツーリズム
自動車	水素自動車、自動運転、電池開発、空飛ぶ車
介護サービス	介護ロボット
環境技術	省エネ、CO_2削減
農業	精密・スマート農業、高品質農産品の輸出

令和経済の「未来年表」

２０１９年５月１日から元号が令和に変わり、日本は新しい時代を迎えました。しかしながら、平成時代の多くの課題が解決されずに引き継がれているのは間違いありません。そのなかでも日本がまず直面するのが９章でもふれたように少子高齢化の問題です。

政府の人口推計によりますと、２０３６（令和18）年には３人に１人が65歳以上になります。42年には65歳以上の高齢者が３９３５万人とピークになるほか、53年には人口が１億人を割り込む見通しです。

こうした時代のなかで日本はどのように対処すればよいのでしょうか。まずは生産性を一段と向上させるとともに、広範な分野で「稼ぐ力」

令和時代の主な予定・出来事

年	主な予定・出来事
2019年（令和元年）	消費税率10％に引き上げ
20年（2年）	東京五輪・パラリンピック 大手携帯電話各社が5Gの商用サービス本格開始
24年（6年）	新しい千円、5千円、1万円紙幣が流通開始
25年（7年）	大阪・関西万博が開催
27年（9年）	リニア中央新幹線の品川―名古屋間が開業予定
30年（12年）	この頃までに中国がアメリカを抜いて世界一の経済大国に（英銀HSBCホールディングス指摘）
36年（18年）	3人に1人が65歳以上の高齢者に
37年（19年）	リニア中央新幹線の名古屋―新大阪間が開業予定
40年（22年）	この年までにイギリスとフランスでガソリン車・ディーゼル車の販売を禁止
42年（24年）	65歳以上高齢者が3935万人のピークに達する見通し
53年（35年）	日本の総人口が1億人割れの見通し
57年（39年）	世界の人口が100億人を突破（国連推計）

を高めていく必要があるでしょう。

既に決まっている、あるいは予想される経済イベントで令和時代を展望すると、19年の10月には消費税率が8％から10％に引き上げられます。20年には東京五輪・パラリンピックが行われるほか、携帯電話会社が5Gの商用サービスを本格的に開始する予定です。

25年には大阪・関西万博が開催されます。27年にはリニア中央新幹線の品川―名古屋間が開通予定で、その10年後の37年には名古屋―新大阪間が開通予定です。

令和元年時点での日本の当面の課題は、経済の腰折れを回避することであり、その意味ではアベノミクスが正念場を迎えているといえます。19年10月の消費税率10％への引き上げにあたっては、政府は2兆円を超える予算を手当して、景気対策を講じる予定です。景気回復の動きを息長くつづけることが重要です。

さらにいえば、令和の時代には、日本からアップルのような世界的なヒット商品やサービスを提供する企業が生まれることが期待されます。世界では、ユニコーン企業と呼ばれる企業価値が10億ドル以上の未上場企業の上場も計画されています。日本でも知恵と工夫で世界に躍進する企業が数多く登場してほしいものです。

平成経済史年表

内閣総理大臣

竹下	宇野	海部	宮沢	細川

平成元年（1989年）
消費税導入（３％）
合計特殊出生率が１・57に。ひのえうまの66年を下回る
日経平均終値が３万８９１５円と史上最高値

平成2年（1990年）
東西ドイツが統一

平成3年（1991年）
湾岸戦争
ゴルバチョフ・ソ連大統領が辞任、ソ連崩壊

平成4年（1992年）
証券取引等監視委員会が発足

平成5年（1993年）
細川内閣誕生、38年ぶり非自民政権
欧州連合（ＥＵ）発足

細川	羽田	村山	橋本	小渕

平成6年（1994年）
衆議院選挙に小選挙区比例代表並立制を採用
関西国際空港が開港

平成7年（1995年）
阪神淡路大震災
地下鉄サリン事件
ウインドウズ95日本語版発売

平成8年（1996年）
橋本首相、日本版ビッグバン構想発表

平成9年（1997年）
消費税率３％から５％へ引き上げ
改正日銀法成立
山一証券が自主廃業など金融破綻が相次ぐ

平成10年（1998年）
金融監督庁発足（２０００年に金融庁に改組）
日本長期信用銀行、日本債券銀行が経営破綻

平成11年（1999年）
欧州の単一通貨・ユーロ導入
西暦２０００年問題への対応が社会課題に

小渕　森　小泉

日銀が金融緩和、短期金利がほぼゼロに

平成12年（２０００年）

日銀がゼロ金利解除

ＢＳデジタル放送が開始

平成13年（２００１年）

中央省庁再編

米同時多発テロ

平成14年（２００２年）

小泉首相北朝鮮訪問、日朝平壌宣言

金融再生プログラム発表

平成15年（２００３年）

イラク戦争

りそな銀行に資本増強

平成16年（２００４年）

郵政民営化を閣議決定

平成17年（２００５年）

個人情報保護法を全面施行

合計特殊出生率が過去最低の1・26

平成18年（２００６年）

小泉　安倍　福田　麻生　鳩山　菅

新会社法施行

日銀が量的緩和策、ゼロ金利を解除

平成19年（２００７年）

郵政民営化、日本郵政グループの誕生

高齢化率が21％突破、超高齢社会に

平成20年（２００８年）

リーマン・ブラザーズ破綻、世界金融危機広がる（リーマン・ショック）

日本経済にも波及

総事業規模26兆９０００億円の経済対策

ｉＰｈｏｎｅ・３Ｇ日本発売

平成21年（２００９年）

衆院選で民主党が勝利し、政権交代。民主党政権発足

裁判員制度がスタート

日経平均株価が７０５４円とバブル後最安値

平成22年（２０１０年）

参院選で自民党勝利、ねじれ国会に

日本航空が経営破綻

管　野田　安倍

平成23年（２０１１年）
東日本大震災
円が一時1ドル＝75円台をつけ最高値更新

平成24年（２０１２年）
第２次安倍政権誕生、自民党が政権奪還

平成25年（２０１３年）
アベノミクススタート
日銀が異次元の金融緩和発動
安倍首相、ＴＰＰ交渉への参加表明
平成26年（２０１４年）
消費税率５％から８％へ引き上げ

平成27年（２０１５年）
アメリカＦＲＢがゼロ金利政策を解除し、利上げを発表

平成28年（２０１６年）
出生数が初の１００万人割れ
マイナンバー制度がスタート
日本銀行がマイナス金利導入

平成29年（２０１７年）
アメリカ、トランプ政権発足
タカタが経営破綻。製造業では負債額が戦後最大に

安倍

平成30年（２０１８年）
ＴＰＰ11が発効
働き方改革関連法成立
訪日外国人数３０００万人突破

平成31（令和元）年（２０１９年）
新元号「令和」スタート
外国人受入態勢整備のため出入国在留管理庁が発足

あとがき

誰も生まれる時代は選べないですが、平成の初めに大学を卒業し、就職して今にいたっている世代のひとりとして、平成は浮き沈みの激しい時代だったと思い返します。平成から令和に移行するにあたり、自分が生きたこの平成時代はどんな時代だったのか、と自問したところから本書の執筆は始まりました。

平成は、テレビの回顧番組などで必ず登場するバブルの頃の豊かで浮かれたイメージが強いですが、実はそうした期間は短く、その大半はよく指摘されるように混乱と停滞が続いた時代でした。しかし、バブルがはじけたその後も、数年間はその余韻が社会には残っていましたし、その後、日本経済がデフレでもがき苦しむことになるなど、当時は、見通すことはできませんでした。

経済記者として20年以上にわたり平成時代を取材して、企業の栄枯盛衰を多く目にしてきました。永田町や霞が関の変化にも向き合ってきました。正直なところ、大きな動きに振り回され続けてきたというのが実感です。

令和の時代に日本はどのような道を歩むのかを考えるときに、やはり直近の平成の歴史から教訓を学ぶことによって新時代は展望できるのではないかと思います。時代の変わり目にあって、平成をふりかえる多くの書物が書店に並んでいますが、平成の日本経済の歩みから何を学び、そこからどんな動きが予想されるのか、自分の子どもにもわかりやすく解説できるようなテキストをつくりたいと考えました。本書は自らが平成時代に直接・間接に取材した分野に加えて、知っておくべき重要な分野について適宜選んでまとめました。

本書の刊行にあたっては山川出版社のスタッフの皆さんの辛抱強いご支援なくしては実現に結びつきませんでした。現在は大阪勤務で、定期的な打ち合わせもままならない筆者を、レンガを一つ一つ積み上げるように導いてくださった皆さんに感謝いたします。

筆者の所属する読売新聞大阪本社の上司や同僚の方々からは貴重な示唆を多数いただきました。この場を借りて御礼を申し上げます。

筆者はまさにバブル期の入社であり、バブル崩壊から今まで日本経済の浮き沈みの渦中で取材してきました。山一証券が破綻した97年秋に経済記者になって本格的に経済と向き合って以降の大半の時間は、日本経済が暗く長いトンネルに入ったような感覚から脱しきれませんでした。そろそろトンネルを抜けられそうな地点までたどりついた印象もありますが、完全に抜けられるのかどうかはまだ判然とせず、あるいは次のトンネルがすぐ来るのではないかという懸念もぬぐえません。令和の日本は、成熟国家として多くの人が豊かさを実感できるような社会になってほしいと切に思います。

最後に筆者をいつも温かく励まし、的確な助言やアイデアを寄せてくれる妻・実香に感謝の意を捧げたい。

2019（令和元）年7月

中村宏之

〔著者紹介〕
中村宏之（なかむら　ひろゆき）
読売新聞大阪本社論説・調査研究室主任研究員、編集委員。1991年慶応義塾大学経済学部卒業後、読売新聞東京本社入社。経済部、政治部、ロンドン特派員、ハーバード大学国際問題研究所研究員、経済部デスク、調査研究本部主任研究員、メディア局編集部次長を経て2017年11月より現職。筑波大学客員教授、国土交通省・訪日誘客支援空港の認定等に関する懇談会委員も務める。著書・共著に、『御社の寿命』、『世界を切り拓くビジネスローヤー』、『地元の力を生かす「ご当地企業」』（いずれも中央公論新社）など。

おさえておきたい「平成《へいせい》の経済《けいざい》」
―「令和《れいわ》」経済《けいざい》のトレンドを読《よ》む

2019年8月13日　第1版第1刷印刷　　2019年8月23日　第1版第1刷発行

著　者　中村宏之
発行者　野澤伸平
発行所　株式会社 山川出版社
〒101-0047　東京都千代田区内神田1-13-13
電話　03(3293)8131(営業)　03(3293)1802(編集)
https://www.yamakawa.co.jp/
企画・編集　山川図書出版株式会社
印刷所　株式会社太平印刷社
製本所　株式会社ブロケード
装　幀　マルプデザイン（清水良洋）
本　文　梅沢　博

　ISBN978-4-634-15155-0 C0033